ALTDEUTSCHE TEXTBIBLIOTHEK

Begründet von Hermann Paul
Fortgeführt von Georg Baesecke, Hugo Kuhn
und Burghart Wachinger

Herausgegeben von Christian Kiening

Nr. 123

Hartmann von Aue

Die Klage

Herausgegeben von
Kurt Gärtner

De Gruyter

ISBN 978-3-11-040430-2
e-ISBN [PDF] 978-3-11-040431-9

Library of Congress Cataloging-in-Publication Data
A CIP catalog record for this book has been applied for at the Library of Congress.

Bibliografische Information der Deutschen Nationalbibliothek
Die Deutsche Nationalbibliothek verzeichnet diese Publikation in der Deutschen Nationalbibliografie;
detaillierte bibliografische Daten sind im Internet über http://dnb.dnb.de abrufbar.

© 2015 Walter de Gruyter GmbH, Berlin/München/Boston
Druck und Bindung: CPI books GmbH, Leck
∞ Gedruckt auf säurefreiem Papier

Printed in Germany

www.degruyter.com

Inhalt

Vorwort	VII
EINLEITUNG	
I. Die Handschrift	IX
II. Charakteristik der Überlieferung	XII
III. Zu den bisherigen Ausgaben	XIV
IV. Zum Text der Neuausgabe	XXII
V. Zu den Apparaten der Neuausgabe	XXV
VI. Bibliographie	XXXI
a) Einführungen und Hilfsmittel	XXXI
b) Ausgaben und Übersetzungen	XXXII
c) Beiträge zur Überlieferung und Textkritik . . .	XXXIII
d) Untersuchungen	XXXV
Schlüssel zum Apparat	XXXVIII
Text	1

Vorwort

Die um 1180 datierbare ›Klage‹ wird zusammen mit dem ›Erec‹ zum Frühwerk Hartmanns von Aue gerechnet. Während in jüngster Zeit der ›Erec‹ in mehreren neuen Ausgaben veröffentlicht wurde, haben die Editoren um die ›Klage‹ jedoch einen Bogen gemacht. Die drei 1968, 1972 und 1979 erschienenen kritischen Ausgaben der ›Klage‹ sind längst vergriffen. Eine Neuausgabe ist angesichts der regen Hartmann-Forschung daher seit langem ein Desiderat.

Die vorliegende Neuausgabe entstand im Rahmen der Arbeiten zu unserem Hartmann-Portal (Bibl. Nr. 3) auf Anregung von Roy Boggs (Florida Gulf Cost University, Cape Coral FL). Ihm gebührt daher auch ein ganz besonderer Dank für die lange freundschaftliche und ergiebige Zusammenarbeit. Wir beide haben zudem seiner Heimatuniversität zu danken für die finanzielle Förderung des Portals, in dem inzwischen zahlreiche Materialien zur Überlieferung, Textkritik und Texterschließung der ›Klage‹ im Internet allgemein zugänglich gemacht wurden (http://hvauep.uni-trier.de/).

Für die Erstellung der Ausgabe wurde in allen Arbeitsstufen das ›Tübinger System von Textverarbeitungs-Programmen‹ (TUSTEP) genutzt. Als besonders hilfreich bei der editorischen Arbeit erwies sich eine Verssynopse, die anhand von Digitalisaten der früheren Ausgaben erzeugt wurde. Für die Erstellung der Satzroutine und für vielfältige Hilfe und sachkundigen Rat in allen Programmfragen bin ich dem Trierer Altmeister der philologischen Datenverarbeitung Michael Trauth zu großem Dank verpflichtet.

Zu danken habe ich ferner Ineke Hess (Bochum/Aarhus), die mir ihre noch ungedruckte Dissertation zur ›Klage‹ (Bibl. Nr. 74) zugänglich machte, Jacob Klingner vom Verlag de Gruyter für wertvolle Hinweise und Anregungen und schließlich Christian Griesinger für die kritische Durchsicht der letzten Fassung.

Marburg, Oktober 2014   Kurt Gärtner

Einleitung

I. Die Handschrift

Die ›Klage‹ ist nur im ›Ambraser Heldenbuch‹ überliefert. Nach der herkömmlichen Gliederung teilt man die in dem umfangreichen Codex überlieferten Werke in vier Bereiche: einen ersten mit Hartmanns Werken im Mittelpunkt, einen umfangreichen zweiten mit Heldenepik, einen dritten mit österreichischer Kleinepik und schließlich einen kurzen Schlussteil mit Wolframs ›Titurel‹ und dem ›Priesterkönig Johannes‹.

A ›Ambraser Heldenbuch‹, Wien, Österreichische Nationalbibliothek, Cod. vindob. ser. nova 2663, Bl. 22^{rc}–26va.

Pergament, 5 + 238 Bll., 46 × 36 cm; 3 Spalten zu meist 68 Zeilen. Verse nicht abgesetzt, aber durch Reimpunkte getrennt. Bis zum Ende des ›Iwein‹ Bl. 22^{rc} sind die Verse durch einfache Reimpunkte getrennt. Im Text der ›Klage‹ dagegen sind Bl. 22va von V. 1 an statt einfacher Reimpunkte Doppelpunkte gesetzt bis V. 1644; mit Beginn des Schlussgedichts Bl. 26ra, Z. 6 folgt nach einer kurzen Experimentierstrecke ab V. 1657 ein hochgestellter Punkt nach dem ersten, ein Doppelpunkt nach dem zweiten Vers eines Reimpaars; die Verse des folgenden ›Büchlein‹ sind dagegen bis V. 173 wieder durch Doppelpunkte abgetrennt; von V. 174 an mit Bl. 27ra erfolgt die Versabtrennung durch Punkt und Doppelpunkt, so auch im Erec-Teil, an dessen Anfang Bl. 30rb beim Übergang vom ›Mantel‹ zum ›Erec‹ der Wechsel von Punkt und Doppelpunkt allerdings gestört ist, denn der erste zur Überlieferung des ›Erec‹ gerechnete Vers *bey ir vnd bey ir weyben*, dem der Reimpartner fehlt, schließt wie der folgende mit einem Punkt (vgl. Heß, S. 176–179). Farbige Randdekorationen, 215^r mit *VF 1517* signiert. An den Abschnittsanfängen abwechselnd rote und blaue, meist dreizeilige Lombarden (einfarbige Initialen).

Zwischen 1504 und 1515/16 geschrieben von Hans Ried im Auftrag Maximilians I. (1459–1519), die ›Klage‹ vermutlich im Sommer 1505 (Wierschin, Bibl. Nr. 48, S. 560).

SCHREIBSPRACHE: Südbairisch.

INHALT: Nach Tabula 1*r–4*v und Titelbild 5*5 folgen 25 Texte des ausgehenden 12. und des 13. Jahrhunderts, die man jetzt »als eine nach inhaltlichen Gesichtspunkten von Maximilian wohl selbst konzipierte Textsammlung« betrachtet (Reinitzer, S. IX), die herkömmlich aber in vier Teile gegliedert wurde (Janota, S. 325).

1ra–50vb Erster Teil, eine Sammlung von sieben höfischen Texten, unter denen Hartmanns Artusromane das Schwergewicht bilden:

1ra–2rb Der Stricker, ›Frauenehre‹ (Exzerpt, V. 1321–1890 mit Zusätzen, Hs. d),

2va–5vc ›Mauritius von Craûn‹ (einzige Hs.),

5vc–22rc Hartmann von Aue, ›Iwein‹ (Hs. d),

22rc–26va Hartmann von Aue, ›Die Klage‹ (auch ›Erstes Büchlein‹; einzige Hs.),

26va–28rb ›Das Büchlein‹ (auch ›Zweites Büchlein‹; einzige Hs.),

28rb–30rb ›Der Mantel‹ (unvollständig, Schluss fehlt, einzige Hs.);

direkt anschließend ohne Rubrik und ohne eigenen Anfang folgt:

30rb–50vb Hartmann von Aue, ›Erec‹ (Anfang fehlt und Lücke in der Mitte, Hs. A).

51ra–214vc Zweiter Teil, eine umfangreiche Sammlung von Heldenepen; sie umfasst: ›Dietrichs Flucht‹ und ›Rabenschlacht‹ (Hs. d), ›Nibelungenlied‹ und ›Klage‹ (Hs. d); ›Wolfdietrich A‹.

215ra–233vb Dritter Teil, eine Kleinepiksammlung: ›Die böse Frau‹, die vier kleinen Verserzählungen Herrands von Wildonie und das ›Frauenbuch‹ seines Schwiegervaters Ulrich von Lichtenstein; Werner der Gärtner, ›Helmbrecht‹ (Hs. A); Der Stricker, ›Pfaffe Amis‹ (Hs. W).

234ra–237vc Vierter Teil: Wolfram von Eschenbach, ›Titurel‹ (Hs. H), und ›Priesterkönig Johannes‹ (›Presbyterbrief‹).

LITERATUR: Faksimile und Beschreibungen: Ambraser Heldenbuch. Vollständige Faksimile-Ausgabe im Originalformat des Codex Vindobonensis Series Nova 2663 der Österreichischen Nationalbibliothek

[I: Faksimile, II: Kommentar von Franz Unterkircher] (Codices Selecti 43), Graz 1973; Hermann Menhardt, Verzeichnis der altdeutschen Handschriften der österreichischen Nationalbibliothek, Bd. 3, Berlin 1961, S. 1469–1478; zum ›Klage‹-Teil: Ineke Hess, Bibl. Nr. 74, Kap. 2: Überlieferungskontext und Materialität der Texteinrichtung. – Zu Entstehung, Konzeption und Vorlagen: Johannes Janota, ›Ambraser Heldenbuch‹, in: ²VL 1, 1978, Sp. 323–327 (mit Lit.); Wierschin, Bibl. Nr. 48; Werner Schröder, Das Ambraser ›Mantel‹-Fragment, Sitzungsberichte der Wissenschaftlichen Gesellschaft der Johann Wolfgang Goethe-Universität Frankfurt am Main 33, 1995, S. 121–177; Heimo Reinitzer (Hg.), Mauritius von Craûn (ATB 113), Tübingen 2000, S. VII–XII; Bettina Wagner, Die ›Epistola presbiteri Johannis‹ lateinisch und deutsch. Überlieferung, Textgeschichte, Rezeption und Übertragungen im Mittelalter. Mit bisher unedierten Texten (MTU 115), Tübingen 2000, S. 524–548; Angela Mura, Bibl. Nr. 51; Kurt Gärtner, Bibl. Nr. 52; Martin J. Schubert, Offene Fragen zum ›Ambraser Heldenbuch‹, in: Exemplar. Festschrift für Kurt Otto Seidel, hg. v. Rüdiger Brandt und Dieter Lau (Lateres. Texte und Studien zu Antike, Mittelalter und früher Neuzeit 5), Frankfurt a. M. 2008, S. 99–120; Ineke Heß, Rezeption und Dichtung im Mittelalter: Die Überlieferung des ›Mantel‹ im Ambraser Heldenbuch, in: Steffen Groscurth, Thomas Ulrich (Hgg.), Lesen und Verwandlung. Lektüreprozesse und Transformationsdynamiken in der erzählenden Literatur (Literaturwissenschaft 21), Berlin 2011, S. 155–185. – Zu Sprache und Schreibgewohnheiten Rieds: Leitzmann, Bibl. Nr. 42; Schützner, Bibl. Nr. 41; Thornton, Bibl. Nr. 44; Franz H. Bäuml (Hg.), Einleitung zu: Kudrun. Die Handschrift, Berlin 1969, S. 1–41; Brigitte Edrich-Porzberg, Studien zur Überlieferung und Rezeption von Hartmanns Erec, Göppingen 1994 (GAG 557), S. 13–19, 25–30; Helmut Weihnacht, Archivalien und Kommentare zu Hans Ried, dem Schreiber des Ambraser Heldenbuches, in: Deutsche Heldenepik in Tirol. König Laurin und Dietrich von Bern in der Dichtung des Mittelalters. Beiträge der Neustifter Tagung 1977 des Südtiroler Kulturinstituts, in Zusammenarbeit mit Karl H. Vigl hg. v. Egon Kühebacher (Schriftenreihe des Südtiroler Kulturinstituts 7), Bozen 1979, S. 466–489.

II. Charakteristik der Überlieferung

Auf 45 der 50 Blätter des ersten Bereichs im ›Ambraser Heldenbuch‹ sind nur Werke Hartmanns überliefert; sieht man von den beiden Werken am Anfang des Codex sowie vom pseudo-hartmannschen ›Zweiten Büchlein‹ und dem ›Mantel‹-Fragment ab, so liegt ein ausgesprochener Œuvre-Block vor, der als erster Teil des Codex vermutlich in zwei Etappen aus den Vorlagen abgeschrieben wurde, der erste mit dem ›Iwein‹ im Sommer 1504, der zweite von der ›Klage‹ bis zum ›Erec‹ im Sommer 1505 (Wierschin, Bibl. Nr. 48, S. 560).

Im Hinblick auf die Vorlagen Rieds für den ersten Teil des Codex lässt sich eine Sammelhandschrift oder gar Œuvre-Handschrift als Vorlage wohl nicht ganz ausschließen, zumindest jedoch dürfen als Vorstufen Überlieferungsgemeinschaften angenommen werden wie die so gut wie sichere von ›Mantel‹ und ›Erec‹ (vgl. Schröder, S. 167, s. o. Lit. zu A) und wohl auch die von ›Klage‹ und ›(Zweitem) Büchlein‹, schließlich auch die heterogene Kombination von Strickers ›Frauenehre‹ und ›Iwein‹. Die in solchen Kombinationen überlieferten Werke haben jedoch ihre jeweils eigene Textgeschichte; die textkritische Bewertung der Überlieferung muss daher immer auch den einzelnen Text in den Mittelpunkt rücken, um die Kopistenleistung Rieds einzuschätzen. Gleichwohl würde erst eine umfassende Untersuchung der gesamten Hs. A mit ihren unterschiedlichen Werken es ermöglichen, vor allem das Ausmaß der lexikalischen und morphologischen Veränderungen, die Ried vorgenommen hat, besser zu beurteilen. Dabei wäre die Sprache der Urkundenautographe Rieds ebenso heranzuziehen wie das vor wenigen Jahren durch Angela Mura (Bibl. Nr. 51) bekannt gemachte umfangreiche Zollregister von seiner Hand aus dem Jahre 1506, dessen biographische Details mit den negativen Urteilen der älteren Forschung (vgl. Wierschin, Bibl. Nr. 48, S. 564) über seine Zuverlässigkeit als Schreiber endgültig aufräumen dürfte.

Über die Vorlage, die Hans Ried für seine Abschrift der ›Klage‹ vor sich hatte, lässt sich wie bei den vielen andern nur unikal überlieferten Texten des Codex wohl hauptsächlich durch die Ergebnisse der vergleichenden Untersuchungen zu den mehrfach überlieferten Werken Aufschluss gewinnen. Im Falle der ›Klage‹ allerdings liefert die Struktur des Schlussgedichts mit seinen jeweils um zwei Verse verminderten Strophen einen Hinweis auf die Einrichtung der Vorlage: Die genau lokalisierbaren Lücken von zwei bzw. vier Versen (1800f. und 1822–25) deuten darauf hin, dass die Vorlage in abgesetzten Versen geschrieben war, also nicht die für den ›Erec‹ vermutete altertümliche Einrichtung in fortlaufend geschriebenen Versen aufwies. Merkwürdig ist auch der Übergang zu einem neuen Verfahren der Versabtrennung durch Doppelpunkte, das mit der Abschrift der ›Klage‹ einsetzt (s. o.), am Beginn des Schlussgedichts aber wiederum zu der fortan gebrauchten Kombination von Punkt und Doppelpunkt wechselt (vgl. dazu Ineke Hess, Bibl. Nr. 74, Kap. 2.3). Ein sekundärer Zusatzvers nach 1190 deutet auf einen Spaltenreim in der Vorlage (vgl. Kurt Gärtner, Spaltenreime in der Überlieferung des ›Armen Heinrich‹ Hartmanns von Aue, in: Septuaginta quinque. Festschrift für Heinz Mettke, hg. v. Jens Haustein, Eckhard Meineke, Norbert Richard Wolf, Heidelberg 2000, S. 57–71). Möglicherweise haben auch Reminiszenzlesarten den Überlieferungsprozess beeinflusst.

Die jetzt allgemein anerkannte Sorgfalt Rieds beim Abschreiben spricht generell für die textkritische Qualität von A, die sich allerdings bei der unikal überlieferten ›Klage‹ weniger gut bestätigen lässt als beim ›Erec‹, dessen A-Text durch die beiden alten Fragmente K und V überprüfbar ist. Es fällt jedoch auf, dass der Text des ›(Zweiten) Büchlein‹, der von einem mit Hartmanns Werken einschließlich des ›Iwein‹ bestens vertrauten Autor stammt, ungleich besser überliefert ist als der Text der ›Klage‹. Die Vorlage für beide Büchlein stammt wohl wie die Vorlagen der übrigen Texte in A aus dem 13. Jahrhundert. Für den Text der um 1180 datierbaren ›Klage‹ ist aber wegen der unterschiedlichen Textqualität mit Vorstufen zu rechnen, in die Veränderungen wie die Versausfälle eingegangen sein könnten, die Hans Ried nicht als solche erkannte und treu kopierte. Oft hat er, wenn er etwas nicht verstand, nur ganz mechanisch und ohne Rücksicht auf den Sinn einen älteren Lautstand in den seinen umgesetzt, wie die vielen falschen Diphthongierungen zeigen; ebenso hat er die Flexion modernisiert. Einerseits kopierte er also ziemlich treu und konservierend, andererseits aber war er auch durchaus bemüht, den Text seiner vermutlich alten Vorlagen für seine Zeitgenossen verständlich zu machen. Seine Kopistenarbeit repräsentiert einen Aneignungsprozess, wie wir ihn auch in der Werkstatt Diebold Laubers beobachten können. Aber auch schon die oberflächlichste Aktualisierung erschwert die methodische Rückgewinnung des Ursprünglichen beträchtlich.

III. Zu den bisherigen Ausgaben

Die ersten editorischen Bemühungen um die ›Klage‹ setzen mit Friedrich Heinrich von der Hagen (1780–1856) ein, der 1838 als letztes Gedicht in der zweiten Nachlese zu seinen ›Minnesingern‹ den an die Dame gerichteten Schlussteil (V. 1644–1914) kritisch edierte (Bibl. Nr. 16, Bd. 3,1, S. 368$^{\text{ff–hh}}$). Von der Hagen erkannte den kunstvollen Aufbau dieses Teils, der in 15 Strophen gegliedert ist, von denen jede gegenüber der vorausgehenden um zwei Verse abnimmt, bis aus den 32 Versen der ersten Strophe vier Verse der letzten geworden sind. Er zählte die Strophen von 1 bis 15 durch und bezeichnete das Stück als ›Leich‹. Von der Hagen nahm mehrere Besserungen vor, die sich meist mit denen späterer Herausgeber decken, so z. B. zu V. 1657 *vil*; 1693 *vrument*, 1697 *enwerde*, 1730 *niht*, 1837 *mich*, 1842 *war*, 1886 *er*. Auch lokalisierte er den Ausfall zweier Verse richtig nach 1799 statt schon nach 1796 wie die Ausgaben des 19. Jahrhunderts. Das ›Zweite Büchlein‹ schrieb er in seinem Überblick über die Dichter nicht Hartmann zu bzw. er stellte gar nicht die Frage, ob es sich um ein Werk Hartmanns handeln könnte (vgl. Bibl. Nr. 16, Bd. 4, S. 274 f.).

Den ersten vollständigen kritischen Text der ›Klage‹ veröffentlichte Moriz Haupt (1808–1874) in einem 1842 erschienenen Bändchen, das Hartmanns Lieder, die beiden Büchlein und den ›Armen Heinrich‹ enthielt (Bibl. Nr. 17, S. 25–85). Mit Haupts Edition der ›Klage‹ lag das gesamte Werk Hartmanns von Aue in kritischen Ausgaben vor (vgl. Haupts Selbstanzeige der Ausgabe mit der ›Klage‹ Bibl. Nr. 27). Das ›Zweite Büchlein‹ hatte Haupt wegen der vielen Selbstzitate für echt gehalten. Die fortgesetzten wörtlichen Anlehnungen an alle Dichtungen Hartmanns waren neben reimtechnischen und anderen Merkmalen für die spätere Forschung jedoch der Hauptgrund für die Ablehnung der Zuschreibung. Auch unterscheidet sich, wie bereits erwähnt, die sehr verderbte Überlieferung der ›Klage‹ auffallend von der ausgezeichneten Überlieferung des ›Zweiten Büchleins‹ im ›Ambraser Heldenbuch‹. Dennoch erscheint auch in den jüngsten Ausgaben noch nach dem Vorbild Haupts das ›Zweite Büchlein‹ zusammen mit der ›Klage‹. Auf die mangelhafte Qualität der Textüberlieferung der ›Klage‹ hatte Haupt schon in der Einleitung zur Ausgabe des Büchleins hingewiesen; nur mit Hilfe Karl Lachmanns habe er den Text »in leidliche gestalt zu bringen vermocht«; dennoch, meinte er weiter, »warten noch manche stellen auf verbesserung« (Bibl. Nr. 17, S. VII). An rund 50 Stellen hatte Lachmann Besserungen zum edierten Text vorgeschlagen, die Haupt fast alle übernommen hat. Er selbst hat an vielen Stellen den in A verderbt überlieferten Text durch seine Verbesserungen verständlich gemacht, von denen der größte Teil in die späteren Ausgaben übernommen worden ist. Haupt stützte sich für seine Ausgabe wie schon beim ›Erec‹ auf eine nicht ganz fehlerfreie Abschrift, die er »der gefälligkeit des aufsehers der Ambraser sammlung, des herrn Joseph Bergmann«, verdankte (ebd.). Er hatte die Ambraser Handschrift also nie selbst eingesehen. Einen Teil der vielen Abschreibfehler Bergmanns hat Albert Leitzmann in einer Nachkollation zusammengestellt (Bibl. Nr. 43, S. 416 f.).

Haupts Ausgabe bietet einen nach dem Vorbild Lachmanns normalisierten Text und einen übersichtlich gestalteten Lesartenapparat unter dem Text. Im Apparat weist er immer wieder auf textkritische Probleme hin und einige Male auch auf sprachliche Besonderheiten von A; gelegentlich werden im Apparat Anmerkungen zum Verständnis des Textes geboten, die z. T. Lachmann beigesteuert hatte. Für weit über 100 Jahre hatte Haupts Ausgabe kanonische Geltung, sie bot die wissenschaftliche Textgrundlage für die Forschung, nach ihr wurde in der Regel auch die ›Klage‹ zitiert.

Eine zweite Auflage der Ausgabe Haupts besorgte Ernst Martin 1881 (Bibl. Nr. 17); Hartmanns Lieder sind darin weggelassen, weil sie 1857 in der von Lachmann und Haupt herausgegebenen Sammlung von ›Minnesangs Frühling‹ Aufnahme gefunden hatten. An über 60 Stellen sind die Nachbesserungen aus Haupts Handexemplar berücksichtigt, von denen einige aus der zweiten Auflage des ›Erec‹ (1871) stammen, mehrere auf die Besserungsvorschläge zurückgehen, die Wilhelm Wackernagel 1844 veröffentlicht hatte (Bibl. Nr. 29). Alle Änderungen zu den Lesarten in Haupts Apparat hatte Martin jedoch durch Joseph Seemüller an der Handschrift in Wien überprüfen lassen (Bibl. Nr. 17, S. XIX).

Die erste Ausgabe Haupts bildete die Grundlage für die 1867 in der populären Reihe ›Deutsche Classiker des Mittelalters‹ erschienene Ausgabe von Fedor Bech (1821–1900). Ihr folgten zwei weitere Auflagen (1873, 1891) sowie 1934 ein unveränderter Nachdruck der zuletzt von Bech besorgten 3. Auflage (Bibl. Nr. 18). Bech äußerte schon in der 1. Auflage gegen Haupt Zweifel an der Echtheit des ›Zweiten Büchleins‹ und hatte dann den bis dahin gebrauchten Werktitel ›Erstes Büchlein‹ in der 3. Auflage in ›Klage‹ geändert nach der von Hartmann V. 30 gebrauchten Bezeichnung (ebd., 3. Aufl., S. VI). Dem Programm der Reihe entsprechend, die mit ihren kommentierten Ausgaben die mittelhochdeutschen Dichtungen für einen weiten Leserkreis zugänglich machen wollte, versuchte Bech in seiner Ausgabe der kleineren Werke Hartmanns, die ursprünglich zuerst, also noch vor dem Teil mit dem ›Erec‹ erscheinen sollten, noch reichlicher zu kommentieren und mit den ausführlichen Erklärungen zugleich »in die Sprache Hartmann's einzuführen« (ebda, 1. und 2. Aufl., S. VI). Die verderbte Überlieferung der ›Klage‹ bereitete auch ihm besondere Schwierigkeiten, »welche die Kritik noch nicht zu bewältigen gewusst hat« (ebd.).

Die Erläuterungen Bechs mit ihrer Fülle von Sprach- und Sacherklärungen sind immer wieder nachprüfbar gemacht durch Verweise auf Wörterbücher, Grammatiken und den Wortgebrauch in Hartmanns übrigen Werken und anderen mittelhochdeutschen Texten. Die stärkeren Abweichungen vom Text Haupts werden in der Regel begründet; in der 3. Auflage ist aber zu beobachten, dass Bech öfter zum Text Haupts zurückkehrte. Neu gegenüber Haupt waren in der 1. und 2. Auflage die zahlreichen Lesehilfen zur Kennzeichnung metrischer Verhältnisse (Betonungszeichen, Elisionspunkte, Apostrophe), wodurch die rhythmische Mehrdeutigkeit der Verse beseitigt wurde. In der 3. Auflage hat Bech dann von metrischen Regulierungen abgesehen und diese Lesehilfen weggelassen. Neu gegenüber Haupt in allen Auflagen Bechs ist die Abkehr von der sparsamen Interpunktion nach dem Vorbild Lachmanns, die noch ganz von rhetorischen Prinzipien bestimmt ist und die Reimbrechung sehr viel deutlicher macht als die im Laufe des 19. Jahrhunderts zunehmend von syntaktischen Prinzipien geprägte neuhochdeutsche Interpunktion.

Für die fortlaufende Erklärung des Textes ist Bechs Ausgabe bis heute die beste Grundlage geblieben, auch wenn er aus seiner Sicht nicht alle schwierigen Stellen des nur in der späten Ambraser Handschrift überlieferten Werkes zufriedenstellend deuten konnte.

Nach der 3. Auflage von Bechs Ausgabe (1891) sind mehrere Arbeiten erschienen, die für die Feststellung der Sprachformen Hartmanns und in der Regel auch seiner ›Klage‹ von Bedeutung sind; der Textkritik der ›Klage‹ kamen die Bemühungen um die editorische Erschließung der andern im ›Ambraser Heldenbuch‹ überlieferten Werke und die Erforschung der Schreibgewohnheiten ihres Schreibers Hans Ried direkt oder indirekt zugute (vgl. den Überblick bei Gärtner, Bibl. Nr. 53, S. 280 f.). Vor allem Albert Leitzmanns 1935 veröffentlichten Vorstudien zu seiner Ausgabe des ›Erec‹ (Bibl. Nr. 42) haben gezeigt, wie sich durch den Vergleich der andern mehrfach überlieferten Werke in A die jüngeren Sonderformen des Schreibers Hans Ried ermitteln lassen und zu einer angemesseneren Beurteilung der Kopistenleistung führen, die viel positiver ausfällt, als die frühere Forschung angenommen hatte. Für die Textkritik der ›Klage‹ nur in beschränktem Umfang erheblich sind die literaturwissenschaftlichen Beiträge, darunter mehrere Arbeiten zur Gliederung des Textes, die z. T. auch mit zahlensymbolischen Ansätzen operieren, zu denen das kunstvoll gereimte Schlussgedicht mit seinen jeweils um zwei Verse verminderten Strophen einlädt.

Die erste kritische Ausgabe, die auf einer genauen Vergleichung der Ambraser Handschrift beruht, wurde von 1968 von Herta Zutt unter dem Werktitel ›Die Klage‹ veröffentlicht. In der Tradition Haupts umfasst die Ausgabe auch ›Das (zweite) Büchlein‹, das Hartmann längst abgesprochen worden war. Dem mit moderner Interpunktion versehenen kritischen Text ist eine buchstaben- und zeilengetreue Transkription des im ›Ambraser Heldenbuch‹

überlieferten Wortlauts gegenübergestellt, die immer eine genaue Kontrolle des edierten Textes erlaubt. In diesem sind durch Klammerzeichen alle wesentlichen Abweichungen von der Überlieferung kenntlich gemacht. Unter dem edierten Text sind in einem text- und forschungskritischen Apparat vollständig sämtliche Konjekturen und Ergänzungen aus den früheren Ausgaben und den textkritischen Beiträgen zur ›Klage‹ verzeichnet. Der kritische Text ist sprachlich und metrisch normalisiert; allerdings sind bedauerlicherweise keine Längezeichen gesetzt, und des öfteren sind – abweichend von den übrigen kritischen Ausgaben – die Sprachformen Rieds beibehalten. Die Einteilung in Abschnitte folgt bis auf 1645, 1807 und 1911 den Initialen der Handschrift (zur Begründung vgl. Zutt, Bibl. Nr. 19, S. XVII). Alle wesentlichen Abweichungen von der Überlieferung und die z. T. vorzüglichen Besserungen sind in einem Anmerkungsteil begründet, auf den im Apparat durch einen Asterisk verwiesen wird. Wie Ludwig Wolff in seiner Rezension der Ausgabe feststellte, »finden wir übersichtlich alles beisammen, was wir brauchen« (Bibl. Nr. 46, S. 151). Die Ausgabe Herta Zutts bietet eine so gut wie vollständige Bilanz der textkritischen Bemühungen um die ›Klage‹ und ist daher für jede Neuausgabe eine wertvolle Hilfe, zumal die Transkription der Handschrift den Blick auf das Überlieferte so bequem macht.

Als die Neuausgabe Herta Zutts erschien, war eine weitere Neuausgabe schon sehr weit gediehen, die Ludwig Wolff (1892–1975) 1972 veröffentlichte. Der Werktitel ›Klagebüchlein‹ stellt einen Kompromiss zwischen Haupts Gattungsbezeichnung ›Büchlein‹ und der inhaltlichen Bestimmung *klage* in V. 30 des Prologs dar, die die französische Gattungsbezeichnung *complainte* übersetzt. Auch diese Ausgabe umfasst das Hartmann längst abgesprochene ›Zweite Büchlein‹. Ludwig Wolff war als Herausgeber aller epischen Dichtungen Hartmanns wie kein anderer in der Lage, einen kritischen Text aus der späten und verderbten Überlieferung herzustellen. In der Einleitung gibt er einen kurzen Überblick über die wesentlichen Merkmale der Sprache der Ambraser Handschrift, über die bisherigen Ausgaben und über die Arbeiten zur Sprache Hartmanns, zur Textkritik der ›Klage‹ und schließlich zur literaturgeschichtlichen Stellung und zu Gattungsfragen. Wolffs Ausgabe steht ganz und gar in der Tradition Haupts und Lachmanns. Der Apparat ist schmal und übersichtlich, die Besserungen Haupts sind meist nicht weiter als solche kenntlich gemacht; die Konjekturen und Emendationen anderer werden in der Regel mit Siglen der Forschernamen verzeichnet. In den Anmerkungen werden alle wesentlichen Änderungen, die Wolff selber gegenüber der Handschrift vorgenommen hat, kurz begründet und Hinweise auf die Parallelen in Hartmanns übrigen Werken, auf die früheren Ausgaben und – sehr viel umfassender als bei Herta Zutt – auf die einschlägigen Arbeiten zu Hartmanns Sprachgebrauch gegeben. Wie in seinen andern Ausgaben von Hartmanns Werken hat Wolff die für die klassische mittelhochdeutsche Reimpaardichtung nach Lachmanns Vorbild von Haupt eingeführte Interpunktion beibehalten.

Für eine Neuausgabe bildet der Text von Ludwig Wolff mit seiner umfassenden Berücksichtigung der Forschung, vor allem der Arbeiten zur Feststellung von Hartmanns Sprachformen, und mit seiner Normalisierung, die auch die für das klassische Mittelhochdeutsche so wesentliche Kennzeichnung der Langvokale durch Zirkumflexe berücksichtigt, eine ideale Basis.

Von unterschiedlichem Wert für eine Neuausgabe ist dagegen die Edition, die Arno Schirokauer (1899–1954) begonnen hatte und die nach seinem Tode auf Bitten seiner Witwe von Petrus W. Tax – zwischen 1968 und vermutlich 1972 – abgeschlossen wurde und schließlich unter dem Werktitel ›Das Büchlein‹ 1979 erschien (Bibl. Nr. 22). Die Ausgabe sollte von vornherein nicht das pseudo-hartmannsche ›Zweite Büchlein‹ umfassen (ebda S. 11, Anm. 7; zur komplizierten Entstehungsgeschichte vgl. Gärtner, Bibl. Nr. 53, S. 283f.). Das nachgelassene Manuskript mit der Transkription von A und dem hergestellten Text reichte nur bis V. 1185; das restliche Drittel der Ausgabe mit Einschluss der Kommentierung versuchte Tax nach dem Muster des vorliegenden Teils und dem, was er in Schirokauers Materialien und Notizen vorfand, zu vollenden. Als Schüler von Carl von Kraus war Schirokauer gut vertraut mit den Möglichkeiten der klassischen Textkritik; und er war durch seine Studien zur mittelhochdeutschen Reimgrammatik (Bibl. Nr. 40) für die Ermittlung der Sprachformen Hartmanns aus der späten und teilweise sehr verderbten Überlieferung bestens gerüstet. Um Hartmanns Sprache näherzukommen, zog er immer wieder zur Absicherung der in den Text gesetzten Formen die alemannische Urkundensprache heran. Die Anmerkungen und Erläuterungen zum Text enthalten eine Reihe wertvoller Hinweise, sie decken sich zum Teil mit denen Ludwig Wolffs. Ein prinzipieller Mangel der Ausgabe ist jedoch – bedingt durch die Fortlassung der ursprünglich geplanten Beigabe der Transkription – die unregelmäßige Verzeichnung der handschriftlichen Lesarten (vgl. die Kritik von Herta Zutt, Bibl. Nr. 49, S. 453). Das führte dazu, dass die Erläuterungen gelegentlich nur noch teilweise plausibel erscheinen oder aber überhaupt nicht mehr verständlich sind. Die Interpunktion zeigt am deutlichsten, dass zwei Herausgeber am Werk waren: Bis V. 1185 wird im Stile Lachmanns interpungiert und dabei in der Regel die Reimbrechung beachtet, danach aber nach den Duden-Regeln für das Neuhochdeutsche. Die Besserungen Schirokauers sind in der Regel begründet, doch führte seine manchmal etwas gewagte Konjekturalkritik sogar zu neuen, bisher noch nicht im Mittelhochdeutschen belegten Wörtern (vgl. die mit Asterisk gekennzeichneten Lemmata im Wortverzeichnis, S. 99–107). Die Ausgabe hätte einer systematischen Abschlusskorrektur bedurft. Es ist bedauerlich, dass Schirokauer sie nicht wie geplant selbst zu Ende führen konnte. Der Gewinn für die Hartmann-Forschung wäre vermutlich bedeutend gewesen.

Aus den drei beschriebenen modernen Ausgaben und der Ausgabe von Haupt hat Thomas L. Keller 1986 in einem synkretistischen Verfahren einen Lesetext hergestellt und diesen mit einer Übersetzung ins Englische versehen (Bibl. Nr. 23), bei der es sich um die erste Übersetzung in eine neuere Sprache überhaupt handelt, denn ins Neuhochdeutsche ist, abgesehen von der Übersetzung des Schlussgedichts durch Ineke Hess (Bibl. Nr. 74), die ›Klage‹ bisher noch nicht vollständig übersetzt worden. Eine weitere Übersetzung ins Englische, die mit 28 Fußnotenkommentaren versehen ist, hat Frank Tobin vorgelegt; seine Textgrundlage war die Ausgabe von Schirokauer und Tax. Tobins Übersetzung ist 2001 in einem Band zusammen mit Übersetzungen aller übrigen Werke Hartmanns erschienen (Bibl. Nr. 24).

Für eine neue Ausgabe bietet der Text von Moriz Haupt in der von Ludwig Wolff verbesserten Form eine verlässliche Basis. Allerdings sind trotz der zahlreichen Besserungen von Haupt und den späteren Herausgebern Fehler und veraltete oder kaum haltbare ungewöhnliche Formen der ersten kritischen Ausgabe mitgeschleppt worden bis in die drei jüngsten Ausgaben. Dazu gehören sogar Abschreibfehler in der von Haupt benutzten Kopie Joseph Bergmanns wie z. B. *Eere* für *Lere* = *lêre* 599, eine Fehllesung, die von Bech bis Schirokauer kritiklos akzeptiert wurde zusammen mit der Konjektur, die sie in 601 nach sich zog. Ebenso gehören dazu Konjekturen und Wortformen, die sich als unhaltbar erwiesen haben, aber nicht von allen Herausgebern in Frage gestellt wurden (vgl. z. B. 182, 997, 1220, 1271, 1309 usw.). Übernommen wurden aus dem Text Haupts gegen A auch frequente Wortformen wie z. B. die verkürzten Formen *od/ode*, die Haupt und Lachmann nach dem Vorbild der Gießener Iwein-Hs. B in ihre Ausgaben eingeführt hatten, obwohl sie handschriftlich sonst selten und nur in bairischen, aber nie in alemannisch-schwäbischen Hss. des 12. und 13. Jahrhunderts belegt sind. Das Gleiche gilt auch für die Kurzform *ab/abe* für das schon seit Notker im Alemannischen übliche *aber* in A. Einen Formenwirrwarr bieten die Ausgaben im Hinblick auf die Apokope der durch den Reim gesicherten Formen wie *wære*, *wolde* u. ä., wo z. T. mit Haupt und A die jüngeren Kurzformen *wær*, *wolt* gesetzt sind neben den regulären zweisilbigen alten Formen; ebenso sind apokopierte Präteritalformen wie 1674 *schadet* A für *schadete* aus A unbesehen übernommen. Auch die übliche Verteilung von *und/unde*, *umb/umbe* usw. nach metrischen Gesichtspunkten erscheint nicht konsequent geregelt. Von den Suffixvarianten *-ec/-eg-* und *-ic/-ig-* wurde gegen A mit Haupt und Lexer die Variante *-ec/-ege-* bevorzugt, obwohl diese handschriftlich nur marginal belegt ist (vgl. Mhd. Gr. Wortb., Bibl. Nr. 14, S. 286 Anm. 2).

Vielfach waren für die Herausgeber seit Haupt metrische Gründe für die Wahl der einen oder andern Variante ausschlaggebend. Die metrische Regulierung veranlasste Haupt z. B. zum von allen späteren Herausgebern übernommenen Ersatz des V. 98 überlieferten *ich enwayss warumb sy mir nicht ist gût* durch *ich enweiz*

XXI

wes sî..., statt mit A *ich enweiz war umbe* (vgl. Iwein 1461, 2472) zu lesen, das dem Vers – ähnlich wie in der frühmittelhochdeutschen Versepik – am Abschnittsende ein Achtergewicht verleiht. Verkürzt werden Verse wie 130 *als guotem wîbe wol gezæme* durch die Tilgung von *wol*, obgleich *wol gezemen* in allen Werken Hartmanns gut belegt ist; zu ähnlichen Versverkürzungen vgl. 191, 363, 540, 760 usw. Die Versverkürzungen von *daz ist* durch die Krasis *deist* 1507 und 1615 werden von Wolff und Zutt übernommen (s. u. IV. 4). Kurze Verse wurden gegen A auch aufgefüllt wie z. B. 497 *wo der schade sey* A: das *wo* = *swâ* wird ersetzt durch ein sonst nirgends bei Hartmann belegtes *swâ sô*, das von allen Herausgebern übernommen wurde.

Eine weitgehende Rückkehr zur Überlieferung von A ist im Hinblick auf Sprachformen wie Metrik eine zentrale Aufgabe der Neuausgabe.

IV. Zum Text der Neuausgabe

Für die Konstitution des kritischen Textes der Neuausgabe diente als Basistext die Ausgabe von Luwig Wolff, dem besten Kenner der Sprache und Überlieferung von Hartmanns Werken. Seine 1972 erschienene Klage-Ausgabe war allerdings stark geprägt durch seine 1968 nach längerer Ausarbeitungszeit erschienene Iwein-Ausgabe. Die Normalisierung des kritischen Textes folgt den Regeln, die Ludwig Wolff für seine Ausgaben von Hartmanns Werken angewandt hat und wie sie in Ausgaben von Autoren der klassischen Zeit seit Lachmann üblich geworden waren. Berücksichtigt wird allerdings die Aktualisierung dieser Regeln, die dem in den mittelhochdeutschen Grammatiken gebuchten Sprachwissen entspricht. Außerdem werden nur sehr zurückhaltend Änderungen des Textes gegen A berücksichtigt, die von den Herausgebern seit Haupt aus metrischen Gründen vorgenommen wurden. Die sehr viel freieren Formen des frühhöfischen Verses, den Hartmann dann aber weiterentwickelte, dürfte im Frühwerk Hartmanns eine größere Rolle gespielt haben als im ›Iwein‹ mit seinem ebenmäßigeren Versbau (vgl. H. de Boor, Bibl. Nr. 58, S. 719–725).

Nach dem Vorbild von Ludwig Wolff sind am rechten Rand Blatt- und Spaltenangaben von A vermerkt; sie stehen immer neben den Versen oder Versteilen, mit denen eine neue Spalte beginnt.

Die folgenden Punkte betreffen Änderungen gegenüber der Ausgabe von Wolff und den Ausgaben der übrigen Hgg.:

1. Eine Neuerung gegenüber allen früheren Ausgaben mit Ausnahme der von Herta Zutt ist die Kennzeichnung der Besserungen gegen den in A überlieferten Text. Dies geschieht durch die Kursivierung der gebesserten Wortformen bzw. Wortteile, bei Umstellungen durch die Kursivierung der umgestellten Ausdrücke. Herta Zutt benutzte für diese Zwecke ein System von Halbklammern und Spitzklammern.

2. Die Gliederung des Textes in Absätze, die durch Zeileneinzug und Großbuchstaben kenntlich gemacht ist, stimmt weit überwiegend mit den Lombarden in A überein; bei Übereinstimmungen erscheinen die Großbuchstaben halbfett, bei Abweichungen (1376, 1536, 1565, 1593, 1645, 1807, 1911) in normaler Schrift. Alle Abweichungen sind im Apparat dokumentiert.

3. Die alte Negationspartikel *ne/en*, die in A nur noch selten bewahrt worden ist, wird in der Neuausgabe in allen in Frage kommenden Textstellen eingesetzt; maßgebend für die Einsetzung der Partikel sind in den meisten Fällen die Ergebnisse der Untersuchung von Herta Zutt (Bibl. Nr. 19). Abweichend von den früheren Ausgaben wird in der Regel die Partikel in der enklitischen Form *en-* vor dem finiten Verb eingesetzt, und unsprechbare Formen wie *ichn* sind durchgehend revidiert worden nach den beiden folgenden, etwas vereinfacht formulierten Regeln, die aber die große Masse der Fälle umfassen:

a) *en-* als einzige Negation wird gesetzt in Kurzsätzen bei *wizzen* und *ruochen*, meist mit eng anschließendem Nebensatz, z. B. 930 *dâ von sô enweiz* (*wayss* A) *ich / waz der an mir richet*; in diesen Fällen ist allerdings *en-* in A öfter erhalten geblieben (98, 973, 1230, 1282, 1698, 1842). Ferner wird *en-* allein vor allem in den zahlreichen abhängigen Sätzen mit konjunktivischem Verbum in Hauptsatzstellung gebraucht; dieser im Mhd. geläufige

Nebensatztyp hat verschiedene Funktionen, vgl. zu 50, 134, 193, 471, 649, 664 usw.

b) *en-* wird als **weitere Negation** gesetzt in allen Hauptsätzen, die durch einsilbige Pronomina, Adverbien und Konjunktionen im Auftakt oder einer Senkung vor dem finiten Verbteil eingeleitet sind (*ich, mich, du, er si ez, sîn, im, ir, wir; der, des, dem, den, daz; do, nu, ja, so, ouch, doch*) und durch *niht, nieman, dehein, nie, niemer, niender* usw. oder *noch* verneint sind. Gesetzt wird *en-* im Unterschied zu Zutt, aber meist mit Wolff und Bech auch nach *niht* vor dem finiten Verb an den Versenden, z. B. 176 *niht enkan*, 915 *niht entuot* usw., weil es in der gleichen Verwendung auch in A bezeugt ist (184, 1557, 1852), ebenso auch nach substantivischen Subjekten (643, 1005).

Über alle gegen A in den Text gesetzten *en-* gibt der Lesartenapparat lückenlos Auskunft.

4. Viele seit Haupt aus versrhythmischen Gründen gegen A eingeführte und von Ludwig Wolff übernommene **Wortzusammenziehungen** von unbetonten Präpositionen, Pronomina, Adverbien und Artikelformen miteinander oder mit dem folgenden oder vorausgehenden Wort (Krasis, Proklise, Enklise) werden in zahlreichen Fällen rückgängig gemacht, ohne dass dies im Apparat vermerkt wird: z. B. von *ze* mit folgendem vokalisch anlautenden Wort, z. B. 17 *ze aller* A gegen *zaller* alle Hgg., 204 *zu allem* A für *ze allem* gegen *zallem* Wolff; 1857 *zu allen* A für *ze allen* gegen *zallen* alle Hgg.; von Pronomina in der Enklise, z. B. 1138 *er in* A gegen *ern* Wolff; 747 *wo es* A für *swâ ez* gegen *swâz* Wolff und 858 *wo es* A für *swâ es* gegen *swâs* Wolff jeweils im Auftakt; Wortverschmelzungen, die von Wolff und Zutt meist von Haupt übernommen wurden, wie 229, 375, 1212 *daz es* A für *daz ez* gegen *deiz*; 306 *mir ist* A gegen *mirst*; 165 *daz ich* A gegen *deich*; 1168, 1198, 1270, 1615, 1783, 1833 *das ist* A für *daz ist* gegen *deist*; 1784 *die ich* A gegen *diech*; 727 *wie ich* A gegen *wiech*.

Häufiger wird jedoch mit den meisten Hgg. schwachtoniges *ez* in der Enklise gegen A als *-z* mit dem vorausgehenden Wort verbunden, die Schreibung von A wird dann in diesem Fall immer im

Lesartenapparat dokumentiert. Auch der Gen. Sg. Neutr. *es* wird von Haupt, dem Wolff und z. T. die andern Hgg. folgen, öfter restituiert gegen die in A überlieferte jüngere Form *sein* = *sîn* und enklitisch an den vorausgehenden Wortschluss angefügt, z. B. 63 *lâ dich sîn* (*dich sein* A, *dichs* Haupt Wolff) *niht gelüsten*, 66 *du belîbest sîn* (*beleibest sein* A, *belîbests* Haupt Wolff) *ungenozzen*, ebenso 89, 92, 216, 247, 442, 647, 676, 721 usw. Im kritischen Text wird in der Regel der Gen. *sîn* mit A beibehalten, die Abweichungen der Hgg. werden im Lesartenapparat jedoch nicht dokumentiert. Beispiele für den Ersatz von *es* Gen. Sg. Neutr. durch *des* und *sein* = *sîn* im ›Iwein‹-Teil von A hat Schützner (Bibl. Nr. 41, S. 138) zusammengestellt.

5. Die Interpunktion richtet sich weitgehend nach der Ausgabe von Wolff bzw. der fein abgestuften Interpunktionsweise Lachmanns, der auch Schirokauer in dem von ihm hergestellten Teil der ›Klage‹ folgt. Es werden jedoch Parenthesen nicht mehr durch runde Klammern, sondern durch Parenthesestriche markiert, und das Lachmannsche Kolon, der Doppelpunkt, der 'einen kleineren Punkt' bezeichnete, wird in der heute üblichen Funktion fast nur noch nach Redeeinleitungen verwendet; an den andern Stellen ist es meist durch ein Semikolon oder durch einen Punkt ersetzt. Mit Hilfe dieser Interpunktion soll versucht werden, die umfangreicheren Satzgefüge überschaubar zu gliedern. Sie mag vielfach als inkonsequent erscheinen, denn sie ist ein Kompromiss, der einerseits den nhd. Lesegewohnheiten entgegenkommt und andererseits auf die sprechsprachliche Pausenmarkierung Rücksicht nimmt.

V. Zu den Apparaten der Neuausgabe

Der Lesartenapparat verzeichnet erstens so vollständig wie möglich die Abweichungen der Hs. A vom kritischen Text, soweit sie nicht durch die graphische, lautliche, morphologische und metrische Normalisierung bedingt sind (zu den Prinzipien vgl. die Einleitungen zu den ATB-Ausgaben von Hartmanns ›Erec‹, ›Gregorius‹ und ›Armen Heinrich‹). Er dokumentiert zweitens – in begrenztem Umfang allerdings – die Forschungsgeschichte und ist so angelegt, dass die Urheber der in den kritischen Text aufgenommenen Besserungen genannt sind oder zumindest erschlossen werden können. Der Lesartenapparat ist nach folgenden Gesichtspunkten eingerichtet:

1. Er bietet alle textkritisch relevanten Abweichungen der Hs. A vom kritischen Text. Die Abweichungen werden überwiegend in der Schreibweise der Hs. A geboten. Dabei wird in der Regel die Kombination ſs in A beibehalten, sonst aber ſ und s durch s wiedergegeben. Die Punkte über y werden weggelassen. Ferner sind die graphischen Varianten für *I/J* und *i/j* in der Regel einheitlich als *I* und *i* wiedergegeben. Schließlich werden gelegentlich Reimvarianten durch Sperrdruck hervorgehoben (vgl. 589/90).

2. Die Absatzmarkierungen in A durch Lombarden (s. o. IV. 2), die vom kritischen Text abweichen, sind immer verzeichnet, und zwar so, dass die Wortform an einem Absatzanfang mit einem fettgedruckten Initialbuchstaben notiert wird. Zu den nicht durch A bezeugten Absatzmarkierungen des Textes werden die Namen der Hgg. genannt.

3. Zu den nur in A überlieferten Textpartien werden die Abweichungen der Hs. vom Text in der Regel ohne Sigle verzeichnet; werden Lesarten von A in einem Apparateintrag zusammen mit Besserungen der Hgg. geboten, dann wird die A-Lesart immer mit der Sigle A gekennzeichnet.

5. Lesarten, die sich auf einen *ganzen* Vers beziehen, gehen den Lesarten, die sich nur auf Teile eines Verses beziehen, voraus.

6. Alle Lesarten vor der Lemmaklammer entsprechen der normalisierten Schreibung des kritischen Textes, sie sind daher nicht immer identisch mit den Schreibformen des Forschers, dessen Name vor der Lemmaklammer verzeichnet ist.

7. Mehrere Lesarten zur selben Texteinheit bzw. zu demselben Lemma sind durch Kommata getrennt. Nach Semikolon folgen Bemerkungen, Hinweise usw. zu der vorausgehenden Lesart bzw. dem Vers, auf den sich die Lesart bezieht.

8. Eine vollständige Verzeichnung der Abweichungen von den früheren Ausgaben, wie sie Herta Zutt in ihrem Apparat geboten hat, ist nicht beabsichtigt. Von den zahlreichen Besserungen sind viele kaum mehr haltbar und daher nicht verzeichnet. Berücksichtigt sind in der Regel die erste und zweite Ausgabe von Haupt, die dritte Auflage der Ausgabe von Bech sowie die Ausgaben von Zutt, Schirokauer/Tax und Wolff. Die Urheber von Konjekturen und Emendationen werden mit ihren Lesungen angeführt oder können erschlossen werden:

a) Nicht eigens mit Haupts Namen verzeichnet sind die zahlreichen Besserungen Haupts, die von späteren Herausgebern übernommen wurden, z. B. 4 *jungen*] *alten* A = alle Ausgaben, einschließlich der Neuausgabe, übernehmen die Besserung *jungen*; ebenso zum Text 9 *muose in ir gewalt* die Lesart im Apparat *muesset mit gewalt* A. Das betrifft in der Regel auch die in der zweiten Auflage aus Haupts Handexemplar von Martin übernommenen Besserungen.

b) Stimmen nicht alle Herausgeber für eine bestimmte Lesung, so können die nicht explizit genannten erschlossen werden, z. B. 3 *an* Haupt Bech Wolff] fehlt A: die nicht vor der Lemmaklammer genannten Herausgeber, also Zutt und Tax, lesen mit A; 6 *gar*] *vil* Bech: die Herausgeber außer Bech stimmen mit A überein; 14 *engunde* Bech] *gunde* Hgg., *begunne* A: die Herausgeber außer Bech stimmen nicht mit dem kritischen Text überein; 16 *sîs*] *sî* Haupt Tax mit *sy* A: alle übrigen Herausgeber außer den genannten und A stimmen mit dem kritischen Text überein usw. Anstelle des Wortlauts mit Lemmaklammer kann der Wortlaut von A mit Komma stehen.

c) Die von Haupt in seinem Apparat verzeichneten und im Text berücksichtigten zahlreichen Besserungen Lachmanns sind mit dessen Namen verzeichnet, wenn sie nur von einzelnen Herausgebern übernommen werden, z. B. 116 *allez* Lachmann Wolff = *allez* Haupt/Lachmann Wolff. Ebenso wird, allerdings nur gelegentlich, mit den im Apparat zur zweiten Ausgabe Haupts (nicht ganz vollständig) verzeichneten Besserungen Wackernagels verfahren, wenn sie nur von einzelnen Herausgebern übernommen wurden, z. B. 40 *und wære dar zu zuo state mir* Wackernagel Hgg. (Wackernagel = Wackernagel/Haupt²), ferner 297, 561, 1654, 1831.

d) Mit **Namen und Seitenzahl** der Veröffentlichung des textkritischen Vorschlags sind weitere Urheber von Besserungen genannt.

e) Die Angabe »**alle Hgg.**« bedeutet in der Regel, dass die Neuausgabe von den Lesungen aller früheren Ausgaben abweicht, z. B. 72, 77, 98 usw.

f) Mit einem **Asterisk** beim Namen der Herausgeber wird in zahlreichen Fällen auf die Begründung der Lesungen in ihren Anmerkungen hingewiesen. Einen Anmerkungsteil können diese Hinweise allerdings nicht ersetzen.

9. Alle Abweichungen von A, die die Setzung der **Negationspartikel** *en-* betreffen, sind ohne Rücksicht auf die früheren Ausgaben verzeichnet, weil der Text der negierten Sätze für die Neuausgabe durchgehend revidiert worden ist (s. o. IV. 3).

10. Nicht in den Apparat aufgenommen werden in der Regel alle durch die graphische, lautliche, morphologische und metrische **Normalisierung** bedingten Abweichungen von A (vgl. dazu die in der Einleitung zur 7. Ausgabe des ›Erec‹, S. XXXVII–XXXIX, verzeichneten Beispiele).

a) Apokopen und Synkopen; z. B. 20 *wolte*] *wolt* A; 2 *sigehaft*] *sighafft* A; 939/910 *verklaget : saget*] *verklagt : sagt* A.

b) Getrennt- und Zusammenschreibungen, z. B. 110 *dâ mite*] *damit* A; 169 *dar an*] *daran* A; 390 *ane komen*] *anekomen* A; 736 *abe gân*] *abegan* A; 882 *widertuo*] *wider tů* A.

c) Jüngere Flexionsformen, vor allem das flektierte fem. Possessivum *ir*, z. B. 554 *ir spehens*] *Irs spehens* A; 264 *ir lônes*] *Ires lones* A; 10 *nâch ir gebote*] *nach Irem gepote* A; 12 *durch ir lîp*] *durch Iren leyb* A; der unflektierte Infinitiv bzw. Dativ des Gerundiums, z. B. 1065 *ze lîdenne*] *ze leiden* A; bei den starken Verben im Prät. Sing. das analogische *-e*, z. B. 16 (*sî*) *sprach*] *sprache* A.

e) Die Unterscheidung von Präsens und Präteritum bei den schwachen Verben, die in A nicht mehr eindeutig ist, z. B. 17 *versuochte*] *versůchet* A; 992 *sagete*] *sagt* A.

d) Wortformen mit dem Ableitungssuffix *-ec/-ic*, das in A regelmäßig als *-ig/-ig-/-ik* erscheint, werden wie bei Tax/Schirokauer mit *-ic/-ig-* wiedergegeben anstatt mit der in den früheren Ausgaben bevorzugten Variante *-ec/-eg-*, bei der es sich um eine auch in den frühen Hss. nur ganz marginal belegte Form handelt.

e) Wörter, deren Form im kritischen Text regelmäßig abweicht von der Form in A, vor allem die folgenden:

benamen] *bey namen* an folgenden Stellen: 1098, 1276, 1573.
dan] *dann, denn*
daz] *daz* Konjunktion, *das* Artikel und Pronomen; von Ried systematisch unterschieden, vgl. Schützner, Bibl. Nr. 41, S. 27.
dehein] *dhain* A, in negativer Bedeutung gelegentlich in A als *kain* belegt und im Apparat vermerkt; es erscheint dann meist als *kein* in den Ausgaben, in der Neuausgabe wird jedoch immer die ältere Form *dehein* gebraucht, die alle Bedeutungsmodifikationen umfasst; vgl. folgende Stellen: 462, 723, 877, 892, 1038, 1127, 1226, 1304, 1350, 1418, 1427, 1777.
dirre] *diser* 490
dô] *da* 14, 103, 104, 238, 1678
entriuwen] *entrawn* 1171, 1244, 1520, *entrůen* im Reim 873
helfe] *hilffe*
ieman] *yemand*; vgl. Schirokauer, Bibl. Nr. 40, S. 86–88.
iemer] *ymmer*
mê, mêre] im Versinnern fast immer *mer*
nieman] *nyemand*; vgl. Schirokauer, Bibl. Nr. 40, S. 86–88.
niemer] *nymmer*
niender] *nynndert* 690, 1777
niuwan] *nun* 1019, 1385, 1428, *nůn* 783
nû] *nun* 1710
schœne] *schone* 12, 608, 830, 1292
selbe, selben usw.] *selbs*
sus] *sůnst*
sw-] *w-* bei verallgemeinernden Pronomina und Pronominaladverbien; vgl. Leitzmann, Bibl. Nr. 42, S. 207; Schützner, Bibl. Nr. 41, S. 152–154. Die Lombardensetzung mit *W-* A statt *Sw-* ist jedoch verzeichnet.
wis] *bis* 2. Pers. Imper. zu *wësen* 591, 805, 1177, 1225, 1615, 1699; *wis* ist die Form Hartmanns.

ze] zu
zewâre] zwar
zuo] ze, zu, zů

f) Wörter, deren in A überlieferte Form im kritischen Text der Neuausgabe regelmäßig abweicht von den früheren Ausgaben:

aber A] von den Herausgebern seit Haupt nach dem Vorbild der Iwein-Hs. B immer wieder in der bair. Kurzform *ab* aus metrischen Gründen gegen A in den Text gesetzt.

oder A] wie *ab* wird auch *od/ode* in der bair. Kurzform mehrfach von den früheren Herausgebern in den Text gesetzt.

In einem zweiten Apparat werden fortlaufende Erläuterungen zum Text hinzugefügt. Ihr Ziel ist es, das genaue Textverständnis zu sichern und so die Kenntnis des Mittelhochdeutschen zu fördern. Lexikalische Hinweise werden in der Regel nur geboten, wenn die mittelhochdeutschen Wörterbücher nicht ohne weiteres zu den kontextbezogenen Interpretamenten führen. Der Akzent liegt auf der Erläuterung syntaktischer Strukturen, die den Studierenden einen vertieften Einblick in die Eigenart des Mittelhochdeutschen ermöglichen sollen.

VI. Bibliographie (Auswahl)

a) Einführungen und Hilfsmittel

1. Christoph Cormeau und Wilhelm Störmer: Hartmann von Aue. Epoche – Werk – Wirkung, München 1985; 2., überarb. Aufl., München 1993; 3., aktualisierte Aufl. Mit bibliographischen Ergänzungen (1992/93 bis 2006) von Thomas Bein, München 2007. [Zur ›Klage‹ S. 98–109.]
2. Jürgen Wolf: Einführung in das Werk Hartmanns von Aue, Darmstadt 2007 (Einführungen Germanistik). [Zur ›Klage‹ S. 118–123.]
3. Roy A. Boggs, Kurt Gärtner: Das Hartmann von Aue-Portal. Eine Internet-Plattform als Forschungsinstrument, ZfdA 134, 2005, 134–137.
4. Elfriede Neubuhr: Bibliographie zu Hartmann von Aue, Berlin 1977 (Bibliographien zur deutschen Literatur des Mittelalters 6).
5. Petra Hörner (Hg.): Hartmann von Aue. Mit einer Bibliographie 1976–1997, Frankfurt u. a. 1998 (Information und Interpretation 8).
6. Wörterbuch zu Hartmanns Iwein von Georg Friedrich Benecke, 3. Ausg. bes. von Conrad Borchling, Leipzig 1901.
7. Roy A. Boggs: Hartmann von Aue. Lemmatisierte Konkordanz zum Gesamtwerk, 2 Bde., Nendeln 1979 (Indices zur deutschen Literatur 12/13).
8. Mittelhochdeutsches Wörterbuch. Mit Benutzung des Nachlasses von Georg Friedrich Benecke ausgearbeitet von Wilhelm Müller und Friedrich Zarncke, 3 Bde. [in 4], Leipzig 1854–1866 (Nachdr. mit einem Vorwort und einem zusammengefaßten Quellenverzeichnis von Eberhard Nellmann sowie einem alphabetischen Index von Erwin Koller, Werner Wegstein und Norbert Richard Wolf, 5 Bde., Stuttgart 1990). [zit.: BMZ]
9. Mittelhochdeutsches Handwörterbuch von Matthias Lexer. Zugleich als Supplement und alphabetischer Index zum Mittelhochdeutschen Wörterbuch von Benecke – Müller – Zarncke, 3 Bde., Leipzig 1872–1878 (Nachdr. mit einer Einleitung von Kurt Gärtner, Stuttgart 1992).
10. Mittelhochdeutsches Wörterbuch. Im Auftrag der Akademie der Wissenschaften und der Literatur Mainz und der Akademie der Wissenschaften zu Göttingen hg. v. Kurt Gärtner, Klaus Grubmüller und Karl Stackmann, Bd. 1: *a – êvrouwe*, Stuttgart 2013; Bd. 2, Lfg. 1/2 *êvüegerin – geværlich*, 2013.
11. Deutsches Sprichwörterlexikon, hg. v. Karl Friedrich Wander, 5 Bde., Leipzig 1867–1880 (Nachdr. Darmstadt 1977). [zit.: DSL]
12. Thesaurus Proverbiorum Medii Aevi. Lexikon der Sprichwörter des romanisch-germanischen Mittelalters. Begründet von Samuel Singer, hg. vom Kuratorium Singer der Schweizerischen Akademie der Geistes- und Sozialwissenschaften, 13 Bde., Berlin 1995–2002. [zit.: TPMA]

13. Hermann Paul: Mittelhochdeutsche Grammatik, 25. Aufl., neu bearb. v. Thomas Klein, Hans-Joachim Solms und Klaus-Peter Wegera. Mit einer Syntax von Ingeborg Schröbler, neubearb. u. erw. v. Heinz-Peter Prell, Tübingen 2007. [zit.: Mhd. Gr.]
14. Thomas Klein, Hans-Joachim Solms und Klaus-Peter Wegera: Mittelhochdeutsche Grammatik, Teil III: Wortbildung, Tübingen 2009. [zit.: Mhd. Gr. Wortb.]
15. Jacob Klingner und Ludger Lieb: Handbuch Minnereden. Mit Beiträgen von Iulia-Emilia Dorobanțu, Stefan Matter, Martin Muschick, Melitta Rheinheimer und Clara Strijbosch, 2 Bde., Berlin / Boston 2013. [Zur ›Klage‹ Bd. 1, S. 80–86.]

b) Ausgaben und Übersetzungen

16. Hartmann von Aue, Leich, in: Minnesinger. Deutsche Liederdichter des zwölften, dreizehnten und vierzehnten Jahrhunderts, aus allen bekannten Handschriften und früheren Drucken gesammelt und berichtigt [...] von Friedrich Heinrich von der Hagen, 4 Bde., Leipzig 1838 (Nachdr. Aalen 1963), hier der Schluss des Teilbandes 3,1, S. 368^{ff-hh}. [Ausgabe des Schlussgedichts V. 1645–1914.]
17. Die Lieder und Büchlein und der arme Heinrich von Hartmann von Aue, hg. v. Moriz Haupt, Leipzig 1842; 2. Aufl. unter dem Titel: Der arme Heinrich und die Büchlein, bes. v. Ernst Martin, Leipzig 1881. [Die Lieder weggelassen, weil inzwischen in MF erschienen. Reihenfolge der Texte geändert.]
18. Hartmann von Aue, hg. v. Fedor Bech. Zweiter Theil: Lieder. Die Klage. Büchlein. Grêgorjus. Der arme Heinrich, Leipzig 1867, ^{2}1873, ^{3}1891, Nachdr. 1934 (Deutsche Classiker des Mittelalters 5,2).
19. Hartmann von Aue: Die Klage. Das (zweite) Büchlein aus dem Ambraser Heldenbuch hg. v. Herta Zutt, Berlin 1968.
20. Iwein. Eine Erzählung von Hartmann von Aue. Hg. v. G. F. Benecke – K. Lachmann, neu bearb. v. Ludwig Wolff, Bd. 1: Text, Bd. 2: Handschriftenübersicht, Anmerkungen und Lesarten, 7. Ausg., Berlin 1968. [In den Anmerkungen auch Beiträge zur Textkritik der ›Klage‹; Register S. 222–227.]
21. Das Klagebüchlein Hartmanns von Aue und das Zweite Büchlein hg. v. Ludwig Wolff, München 1972 (Altdeutsche Texte in kritischen Ausgaben 4).
22. Hartmann von Aue: Das Büchlein. Nach den Vorarbeiten von Arno Schirokauer zu Ende geführt und hg. v. Petrus W. Tax, Berlin 1979 (Philologische Studien und Quellen 75).
23. Hartmann von Aue: Klagebüchlein. Edited, Translated, and with an Introduction by Thomas L. Keller, Göppingen 1986 (GAG 450). [Der mhd. Text ohne krit. Apparat, die früheren Editionen benutzt.]

24. Arthurian Romances, Tales, and Lyric Poetry: The complete works of Hartmann von Aue transl. with commentary by Frank Tobin, Kim Vivian, Richard H. Lawson, Pennsylvania State Univ. Press, University Park, Pa. 2001. [›Die Klage‹, *The Lament*, übersetzt von Frank Tobin nach der Edition von Arno Schirokauer, S. 1–27.]
25. Erec von Hartmann von Aue. Mit einem Abdruck der neuen Wolfenbütteler und Zwettler Erec-Fragmente. Hg. v. Albert Leitzmann, fortgeführt v. Ludwig Wolff, 7. Aufl. bes. v. Kurt Gärtner, Tübingen 2006 (ATB 39).
26. Hartmann von Aue: Der arme Heinrich. Hg. v. Hermann Paul, neu bearb. v. Kurt Gärtner, 18., unveränderte Aufl., Berlin / New York 2010 (ATB 3).

c) Beiträge zur Überlieferung und Textkritik

27. Moriz Haupt: [Selbstanzeige seiner Ausgabe Bibl. Nr. 17], Repertorium der gesammten Deutschen Literatur 33, 1842, 474 f.
28. Moriz Haupt: Zu Hartmann von Aue, ZfdA 4, 1844, 395 f. [Zum Schlussgedicht.]
29. Wilhelm Wackernagel: Zu Hartmann von Aue, ZfdA 4, 1844, 580.
30. Fedor Bech: Zu Hartmanns Erek, Germania 7, 1862, 429–469.
31. Hermann Paul: Kritische bemerkungen zu mittelhochdeutschen gedichten. 2. Zu Hartmanns erstem büchlein, Beitr. 1, 1874, 205–207.
32. Eduard Sievers: Mhd. *selpwege*, Beitr. 5, 1878, 544–547. [Zu V. 361.]
33. Franz Saran: Hartmann von Aue als Lyriker, Phil. Diss. Halle 1889. [Textkritik und Nachweis der Unechtheit des Schlussgedichts.]
34. Anton E. Schönbach: Über Hartmann von Aue. Drei Bücher Untersuchungen, Graz 1894 (Nachdr. Hildesheim / New York 1971).
35. J. B. Vos: The diction and rime-technic of Hartmann von Aue, Diss. New York, Leipzig 1896.
36. Carl [von] Kraus: Das sogenannte II. Büchlein und Hartmanns Werke, in: Abhandlungen zur germanischen Philologie. Festgabe für Richard Heinzel, Halle 1898, S. 111–172 (Nachdr. Hildesheim 1985). [Nachweis der Unechtheit des 2. Büchleins.]
37. Konrad Zwierzina: Beobachtungen zum Reimgebrauch Hartmanns und Wolframs, in: ebd., S. 437–511. [Separat mit eigener Paginierung: Halle 1898.]
38. Konrad Zwierzina: Mhd. Studien. 9. Mhd. *ei* < *ege, age, ede*, mhd. *î* < *ige, ibe*, ZfdA 44, 1900, 345–406; 10. Doppelformen und synonyma, ZfdA 45, 1901, 19–100; 12. Der rührende reim, 286–313; 13. Zur textkritik des Erec, S. 317–366; 14. Die beschwerte hebung in Hartmanns versen, S. 369–393. [Die für Hartmann einschlägigen Stellen sind über die Register zu den einzelnen Zeitschriftenbänden zu ermitteln.]
39. Edward Schröder: Zur kritik von Hartmanns büchlein, ZfdA 56, 1919, 247–248.

40. Arnold Schirokauer: Studien zur mhd. Reimgrammatik, Beitr. 47, 1925, 1–128. [Sachregister S. 123–125.]
41. Hubert Schützner: Die Abschrift des Iwein im Ambraser Heldenbuch, Diss. masch. Wien 1930.
42. Albert Leitzmann: Die Ambraser Erecüberlieferung, Beitr. 59, 1935, 143–234.
43. Albert Leitzmann: Zu den Ambraser Büchlein, Beitr. 57, 1933, 413–417.
44. Thomas P. Thornton: Die Schreibgewohnheiten Hans Rieds im Ambraser Heldenbuch, ZfdPh 81, 1962, 52–82.
45. Herta Zutt: Zur formalen Struktur von Hartmanns ›Klage‹, ZfdPh 87, 1968, 359–372.
46. Ludwig Wolff: Rezension zu Herta Zutt, Hartmann von Aue, Die Klage. Das (zweite) Büchlein, 1968 [Bibl. Nr. 19], AfdA 80, 1969, 151–155.
47. Herta Zutt: Der Gebrauch der Negation in der Gießener Iwein-Handschrift, Alemannisches Jahrbuch 1973/75 (Festschrift B. Boesch), S. 373–391.
48. Martin Wierschin, Das Ambraser Heldenbuch Maximilians I., Der Schlern 50, 1976, 429–441, 493–507, 557–570.
49. Herta Zutt: Rezension zu Arno Schirokauer / Petrus W. Tax, Hartmann von Aue, Das Büchlein, 1979 [Bibl. Nr. 22], ZfdPh 102, 1983, 542–455.
50. Thomas Bein: »Mit fremden Pegasusen pflügen«. Untersuchungen zu Authentizitätsproblemen in mittelhochdeutscher Lyrik und Lyrikphilologie [Habil.-Schrift, Bonn 1995/96], Berlin 1998 (Philologische Studien und Quellen 150). [S. 289–295 Kritik am Beweis der Unechtheit des ›Zweiten Büchleins‹ durch Carl von Kraus, Bibl. Nr. 36.]
51. Angela Mura: Spuren einer verlorenen Bibliothek. Bozen und seine Rolle bei der Entstehung des *Ambraser Heldenbuchs* (1504–1516), in: *cristallîn wort.* Hartmann-Studien 1/2007. Rahmenthema: Das *Ambraser Heldenbuch*. Hg. v. Waltraud Fritsch-Rößler, Wien 2007, S. 59–128.
52. Kurt Gärtner: Hartmann von Aue im *Ambraser Heldenbuch*, in: ebd., S. 199–212.
53. Kurt Gärtner: Die Editionen der ›Klage‹ Hartmanns von Aue, in: Texte zum Sprechen bringen. Philologie und Interpretation, Festschrift für Paul Sappler, hg. v. Christiane Ackermann u. a., Tübingen 2009, S. 273–292.
54. Yoshihiro Yokoyama: Studien zum Reimgebrauch und Stil Hartmanns von Aue im Etablierungsprozess der Literatursprache um 1200 am Beispiel der präteritalen Formen von *komen*, Diss. Trier 2013.

d) Untersuchungen

55. Friedrich Panzer: Rez. zu: Étude sur Hartmann d'Aue par F. Piquet, Paris 1898, ZfdPh 31, 1899, 520–549. [Zur ›Klage‹ S. 524–545.]
56. Roswitha Wisniewksi: Hartmanns ›Klage‹-Büchlein, Euphorion 57, 1963, 341–369.
57. Herta Zutt: Die formale Struktur von Hartmanns ›Klage‹, ZfdPh 87, 1968, 359–372.
58. Helmut de Boor: Über dreisilbige und zweisilbige Komposita und Derivata im Nibelungenlied, bei Gottfried und Hartmann. Ein Beitrag zur Frage des Verhältnisses von Sprachrhythmus und Versrhythmus, Beitr. 94, 1972, Sonderheft (Festschrift Hans Eggers), 703–725.
59. Horst Wenzel: Frauendienst und Gottesdienst. Studien zur Minne-Ideologie, Berlin 1974 (Philologische Studien und Quellen 74). [Zur ›Klage‹ S. 155–186.]
60. Wolf Gewehr: Hartmanns ›Klage-Büchlein‹ im Lichte der Frühscholastik, Göppingen 1975 (GAG 167).
61. Wolf Gewehr: Hartmanns ›Klage-Büchlein‹ als Gattungsproblem, ZfdPh 91, 1972, 1–16.
62. Ingrid Hahn: Hartmanns Büchlein-Zitat im ›Gregorius‹, in: »Sagen mit Sinne«. Festschrift für Marie-Luise Dittrich zum 65. Geburtstag, hg. v. Helmut Rücker und Kurt Otto Seidel, Göppingen 1976 (GAG 180), S. 95–108.
63. Siegfried Grosse: Die Variatonen der Minne in den Dichtungen Hartmanns von Aue, in: Interpretation und Edition deutscher Texte des Mittelalters. Festschrift für John Asher zum 60. Geburtstag, hg. v. Kathryn Smits, Werner Besch und Victor Lange, Berlin 1981, S. 26–38. [Zur ›Klage‹ S. 29–33.]
64. Volker Mertens: ›Factus est per clericum miles cythereus‹. Überlegungen zu Entstehungs- und Wirkungsbedingungen von Hartmanns ›Klage-Büchlein‹, in: Hartmann von Aue. Changing Perspectives, London Hartmann Symposium 1985, ed. by Timothy McFarland and Sylvia Ranawake, Göppingen 1988 (GAG 486), S. 1–19.
65. Leslie Seiffert: On the Language of Sovereignty, Deference and Solidarity. The Surrender of the Accusing Lover in Hartmann's ›Klage‹, in: ebd., S. 21–51.
66. Françoise Salvan-Renucci: Selbstentwurf als Utopie im ›Büchlein‹ Hartmanns von Aue, in: Gesellschaftsutopien im Mittelalter / Discours et figures de l'utopie au Moyen Âge, hg. v. Danielle Buschinger und Wolfgang Spiewok, Greifswald 1994 (Wodan 45, Serie 4: Jahrbücher der Reineke-Gesellschaft 5), S. 101–117.
67. Maria Vladovich: Malattia d'amore ed evoluzione dell'individuo nella produzione di Hartmann von Aue con particolare riferimento alla ›Klage‹, Studi Medievali, ser. 3a, 38,2, 1997, 707–735.

68. Thomas Bein: Hartmann von Aue und Walther von Grieven im Kontext: Produktion, Rezeption, Edition, editio 12, 1998, 38–54. [Zur Rezeption der ›Klage‹ in Walther von Grivens ›Weiberzauber‹.]
69. Heinz Kischkel: Kritisches zum Schlussgedicht der ›Klage‹ Hartmanns von Aue, ZfdPh 116, 1997, 94–100. [Echtheit des Schlussgedichts in Frage gestellt.]
70. Susanne Köbele: Der paradoxe Fall des Ich. Zur ›Klage‹ Hartmanns von Aue, in: *anima* und *sêle*. Darstellungen und Systematisierungen von Seele im Mittelalter, hg. v. Katharina Philipowski und Anne Prior, Berlin 2006 (Philologische Studien und Quellen 197), S. 265–283.
71. Katharina Philipowski: Bild und Begriff: *sêle* und *herz* in geistlichen und höfischen Dialoggedichten des Mittelalters, in: ebd., S. 299–319.
72. Marie-Sophie Masse: *Der rehte zouberlist* aus *Karlingen*. Ältere und neuere Überlegungen zu Hartmanns ›Klage‹, in: Monika Costard, Jacob Klingner, Carmen Stange (Hgg.): Mertens lesen. Exemplarische Lektüren für Volker Mertens zum 75. Geburtstag, Göttingen 2012, S. 89–106.
73. Katharina Philipowski: Die Gestalt des Unsichtbaren. Narrative Konzeptionen des Inneren in der höfischen Literatur, Berlin/Boston 2013 (Hermaea N. F. 131).
74. Ineke Hess: Selbstbetrachtung im Kontext höfischer Liebe: Dialogstruktur und Ich-Konstitution in Hartmanns von Aue ›Klage‹, Diss. Bochum 2013.

Schlüssel zu den Apparaten

A	=	Wien, ÖNB, Cod. ser. nova 2663
Bech	=	Bibl. Nr. 18; Bech[1] = 1. Aufl.
Bech 429 ff.	=	Bibl. Nr. 30
BMZ	=	Bibl. Nr. 8
DSL	=	Bibl. Nr. 11
Haupt	=	Bibl. Nr. 17; Haupt[1], Haupt[2] = 1. bzw. 2. Aufl.
Iwein-Wb.	=	Bibl. Nr. 6
Lachmann	=	Bibl. Nr. 17 (im Apparat)
Leitzmann 413 ff.	=	Bibl. Nr. 43
Martin	=	Bibl. Nr. 17
Mhd. Gr.	=	Bibl. Nr. 13
Paul 205 ff.	=	Bibl. Nr. 31
Saran	=	Bibl. Nr. 33
Schönbach	=	Bibl. Nr. 34
Schröder 247 f.	=	Bibl. Nr. 39
Tax	=	Bibl. Nr. 22
TPMA	=	Bibl. Nr. 12
Wackernagel	=	Bibl. Nr. 29
Wolff	=	Bibl. Nr. 21
Zutt	=	Bibl. Nr. 19
Zwierzina 345 ff. 19 ff.	=	Bibl. Nr. 38

In den Apparaten verwendete Zeichen

/ Versgrenze,
| Zeilengrenze in der Handschrift,
* Hinweis auf Anmerkungen der Herausgeber (vgl. Einl. V.8,f).

Die Klage

    Minne waltet grôzer kraft,   22va
    wande sî wirt sigehaft
    an tumben und *an* wîsen,
    an *jungen* und *an* grîsen,
5   an armen und an rîchen.
    gar gewalticlîchen
    betwanc sî einen jungelinc,
    daz er älliu sîniu dinc
    muos*e in ir* gewalt ergeben
10 und nâch ir gebote leben,
    sô daz er ze mâze ein wîp
    durch schœne sinne und durch ir lîp
    minnen begunde.
    dô sî im des niht *e*ngunde
15 daz er ir wære undertân,
    sî sprach, er solde sîs erlân.

Überschrift: **Ein schŏne Diſputatz · Von der Liebe · ſo einer gegen einer ſchŏnen fraŵen gehabt · vnd getan hat.**   **1** *Siebenzeilige Initiale A.*   **2** Wañ.   **3** an *Haupt Bech Wolff*] *fehlt A.*   **4** jungen] alten *A.*   an *Haupt Bech Wolff*] *fehlt A.*   **6** gar] vil *Bech.*   **9** mueſſet mit g.   **12** und schœnen lîp *Tax**.   **14** dô (da *A*)] swie *Bech.*   engunde *Bech*] gunde *Hgg.,* begunne *A.*   **16** sîs = sî es] sî *Haupt Tax mit* sy *A.*

1–31 *Prolog.*   **1–5** *Sprichwort nach Vergil, Eklogen X,69* Omnia vincit Amor, *vgl. DSL 3, S. 132 ff. (bes. Nr. 73 u. 119); TPMA 7, S. 413 ff. (Nr. 163 ff.).*   **1** walten *stV. mit Gen.* 'über etw. verfügen, etw. besitzen'.   **2** wande 'denn'. sigehaft werden *mit Präp.* an 'die Oberhand gewinnen über jmdn.'   **8** älliu sîniu dinc *'all sein Tun und Lassen', d. h.* 'sich selbst ganz und gar'.   **9** muose *'musste', zum Prät. von* müezen *vgl. Mhd. Gr. § M 100.*   **11** ze mâze *'in angemessener Weise'.*   **12** durch *'um ... willen, wegen'.*   **14** gunde *zu* gunnen *anV. mit Gen. hier* 'etw. gewähren'.   **16** erlâzen *mit Akk. d. Pers. u. Gen. d. Sache* 'jmdn. mit etw. verschonen'.

>   Doch versuochte erz ze aller zît.
>   disen kumberlîchen strît
>   *entorste* er nieman gesagen;
> 20 dar umbe wolde er*n eine* tragen,
>   ob er sî des erbæte
>   daz si sînen willen tæte,
>   daz ez verswigen wære.
>   er klagete sîne swære
> 25 in sînem muote
>   und hete in sîner huote,
>   sô er beste kunde,
>   daz ez ieman befunde.
>   daz waz von Ouwe her Hartman,
> 30 der ouch di*rr*e klage began
>   durch sus verswigen ungemach.
>   sîn lîp zuo sînem herzen sprach:
>   Ouwê, herze und dîn sin,

---

17 erz] er es *A*.   **18** *Abschnitt Wolff statt mit A bei 17.*   **19** entorste] dorfft. **20** ern eine *Paul 205 Wolff Tax*] ern immer *Haupt Bech Zutt*, Er nymmer *A*.   **25** niuwan *ergänzen Haupt Wolff Zutt, dagegen Bech³ Tax**.   **29** herr Hartman *A*; her *tilgen Haupt Wolff Zutt Tax**.   **30** diſe.   **33** dîn sin *Tax* (vgl. 81)* mit dein sin *A*; dein *tilgen Hgg*.

---

18 strît *stM*. 'Konflikt'.   **19** torste *Prät. von* turren *Prät.-Präs.* 'wagen, sich trauen'. gesagen *das Präfix ge- zur Bedeutungsverstärkung des Verbs* 'offen, frei heraus sagen'; *vgl. Iwein-Wb., S. 73 unter ge-*.   **20** dar umbe 'deswegen'. ern = er in.   eine *Adj.* 'allein'.   **21** ob 'für den Fall, dass; wenn'.   erbiten *stV. mit Akk. d. Pers. u. Gen. d. Sache* 'jmdn. durch Bitten zu etw. bewegen'. **23** daz 'damit', *Finalsatz, erläutert* dar umbe 20, *vgl. Mhd. Gr. § S 177.2 a*. **25** in sînem muote 'in seinem Innern, in seinen Gedanken'.   **26** huote *stF. hier* 'Acht, Achtsamkeit'.   **28** ieman *hier* 'niemand'; *vgl. Mhd. Gr. § M 147.1*.   befinden *stV*. 'gewahren, gewahr werden'.   **30** ouch 'andererseits aber auch'. dirre klage *Gen. abhängig von* began.   klage *stF. hier sowohl als* 'Anklage' *im Hinblick auf die wechselseitigen Anklagen zwischen* herze *und* lîp *des Dichters als auch als* '(Weh-)Klage' *zu verstehen, weil die Dame den Dichter nicht erhören will*.   **31** 'um sonst verborgenen Leides willen'.   **33–484** *Erste Rede des Körpers*.   **33** dîn sin 'deine Absicht'.

2

wærst dû iht anders danne ich bin,
35 dû hætest wol verschuldet umb mich,
daz ich klagete über dich
allen den ich des getrûwe,
daz sî mîn schade gerûwe
daz sî mich ræchen an dir.
40 und swie ez dar zuo stât mir,
zewâre, ich tæte dir den tôt
und gulte dir alselhe nôt
die dû mir ofte bringest,
wan dû mich leider twingest
45 mit dîner krefte swes dû wil;
wan des gewaltes ist sô vil
des dir an mir verlâzen ist,
daz mir deheines mannes list
fride dâ vor mac gegeben,
50 ich *enmüeze* in dînem gewalte leben,
daz ich dem niht entwenken mac.
des gewinne ich manigen swæren tac;

---

35 verschuldet vmb mich *A (vgl. Erec 6208, Iwein 4641),* versolt um mich *alle Hgg.*   **38** ruwe *Zutt*.*   **40** Vnd wie es dartzů stat mir *A,* und wære dar zuo state mir *Wackernagel Hgg.,* und wære daz ze staten mir *Zutt*.*   **42** alle solhe.   **45** wes *A Tax.*   **48** kaines.   **50** ich muesse.

---

34 iht anders *'irgend etwas anderes',* anders *von* iht *abhängiger Gen.* danne *'als', die im Mhd. übliche Vergleichskonjunktion nach* ander *und nach Komparativ.*   **35** verschult umb mich *'verdient von mir'.*   **37** getrûwen *mit Dat. d. Pers. u. Gen. d. Sache 'jmdm. etw. zutrauen'.*   **39** daz *'damit', Finalsatz, vgl. Mhd. Gr. §§ 177,2 b.*   **40** swie ez dar zuo stât mir *'wie auch immer die Sache in diesem Punkt mit mir steht, was mich dabei betrifft', vgl. Iwein 4884.*   **42** gulte *Konj. Prät. von* gëlten *stV. 'vergelten'.* alselhe *durch* al- *verstärktes Indef.-Pron., auf das sich der folgende Relativsatz bezieht.*   **45** swes *Gen. abhängig von* twingen.   **47** des *Attraktion des Rel.-Pron. an den Gen.* des gewaltes *im übergeordneten Satz; vgl. Mhd. Gr. §§ 166.* verlâzen *stV. 'überlassen'.*   **48** dehein *'kein', vgl. Mhd. Gr. §§ 144,4.*   **50** Auf dâ vor *bezogener abhängiger Satz mit 'pleonastischem'* en-: *'dass ich unter deiner Gewalt leben muss', vgl. Mhd. Gr. §§ 147.3.*   **51** daz *'so dass'.* entwenken *swV. 'ausweichen, entgehen'.*   **52** des *'davon'.* swære *'kummervoll, traurig'.*

3

wan dich wil niht genüegen
swes dû mir maht gefüegen
55 nâhen gânder riuwe.
daz ist ein untriuwe,
– sît dû in mir gehûset hâst
und dîn dinc an mir begâst, –
diu under *friunden* missezimt,
60 wan sî mir *f*reude gar benimt.
  Zewâre, ez ist dîn ungenist;
sît dû *m*ir unnütze bist,
lâ dich sîn niht gelüsten,
– dû bist under mînen brüsten
65 vil vaste beslozzen –,
du belîbest sîn ungenozzen.
geloube mir daz ich dir sage,
ê ich den kumber lenger trage,
daz ich mich an dir riche
70 und ein mezzer in dich stiche
und belîbe mit dir tôt.
daz ist mir bezzer dann daz ich nôt
iemer lîde âne danc.   22vb

---

54 zůgefůegen.   55 nâhen gânder riuwe *(vgl. Erec 3142)*] nachgeender rew *A*.
56–60 *Text nach Leitzmann 413 Tax* weitgehend mit A: 57f. Parenthese, das Rel.-Pron.* diu 59 *bezogen auf* untriuwe 56.   58 dîn dinc *Tax mit* dein ding *A,* diu dinc *Hgg.*   59 die vnder ir vnd freŭden missezimpt *A,* diu under friunden missezement *Hgg.*   60 Wañ sy mir die freŭde gar benympt *A,* wan si mir freude gar benement *Hgg.*   62 an mir *Bech Tax mit A.*   63 lâ dich sîn *Hgg. mit* lass dich sein *A,* enlâ dichs *Wolff.*   72 2. daz *tilgen alle Hgg.*

---

53 genüegen *swV. unpers. mit Akk. d. Pers. u. Gen. d. Sache, der durch den Satz 54f. ausgedrückt ist.*   55 nâhen gânde riuwe *'tiefer Schmerz';* riuwe *Gen. abhängig von* swes 54.   57 hûsen *swV. 'wohnen'.*   59 friunde *'Verwandte' (121, 978), aber nicht* mâge *'Blutsverwandte' (316).* missezemen *stV. 'übel anstehen'.*   61 ungenist *stF. 'Verderben'.*   66 *'du hast keinen Nutzen davon'; vgl. zu 89.*   69–70 riche, stiche *1. Pers. Sg. Präs. von den stV.* rëchen, stëchen.   73 âne danc *'ohne dass ich es verschuldet habe durch Tun oder Absicht' (Schönbach 386).*

mir wære daz leben sô ze lanc.
75 Dû bist weizgot vil betrogen.
ofte hâst dû mir gelogen
unz *h*in daz nû dîn übeler rât
vil ungenislîchen hât
verleitet *mich* armen lîp
80 mit dînem gewalte an ein wîp.
Mich hiezen dîne sinne
ir dienen umb*e* *m*inne;
dû *z*al*t*est mir ir güete vil,
als *der* den andern triegen *w*il,
85 und wie wol ez mir ergienge
ob sî mîn gnâde vienge.
jâ ist sî leider ze guot;
daz ist daz mir den schaden tuot,
wan ich sîn niht geniezen mac.
90 ich hân alsô manigen tac
von ir güete vil vernomen,
nû bin ich*s* an ein ende komen.
sît sî rehte wart gewar
daz mîn freude alsô gar
95 an ir *einer* gnâde stât,
*sît en*ruochet sî wiez mir gât;
daz ist ein starker wîbes muot.
ich enweiz war umb si mir niht ist guot.

---

77 unz hin] vntz in *A*, unz *alle Hgg.*   **79** mich] meinen *A*.   **82** vmbe die mynne.   **83** zelest.   **84** als den anndern tr. vil.   **89** ich sein *A*, ichs *Wolff*.   **92** ichs *Hgg.*] ich sein *A*.   **95** ein.   **96** seyder gerůchet sy wie es. swiez *Wolff*.   **98** warumb *A* (vgl. *Iwein* 1461, 2472), wes *alle Hgg*.

---

74 sô *'unter solchen Umständen'*.   **75** vil betrogen *'sehr verblendet'; als Part.-Adj. 'trügerisch' 246 und 774*.   **77** unz hin daz nû *'bis dahin, dass jetzt'*.   **78** vil ungenislîchen *'ganz rettungslos'*.   **83** zaln *swV. 'erzählen'*.   **86** gnâde vâhen *mit Gen. d. Pers. 'Zuneigung fassen zu jmdm.'*   **87** ze guot *'allzu gut, vortrefflich', ironisch*.   **89** sîn *'davon, dass sie* guot *ist'*.   **92** an ein ende kommen *mit Gen. 'etw. genau erfahren'*.   **97** *'ein harter Frauensinn'*.

5

   Unz *ich* sî mînen muot versweic,
100 ir gruoze ich dicke neic
und het mich *dô* als einen man
dem ein wîp ir hulde gan.
dô meinte ic*h b*ezzern mîn heil;
do geviel mir daz wirser teil.
105 ich wânde, mich ir næhte
swenne ich sî des innen bræhte
daz ich ûz *al der* werlte ein wîp
ze frouwen über mînen lîp
für sî hæte niht erkorn.
110 dâ mite hân ich sî verlorn,
des genüzze ein man der sælde hât.
ir muot ze fremder wîse stât,
mit übel giltet sî mir guot;
dâ ist daz reht niht wol behuot.
115 hæte sî mich doch als ê,
sô gerte ich aller gnâden mê;
sît ich nû hân engolten
des die geniezen solten
den nâch ir werken wol geschiht,

---

99 ich *fehlt A.*   **100** ir gruoze *Bech Tax mit* irem grůsse *A (Schönbach 387)*] nâch ir gr. *Zutt Wolff,* gein ir gr. *Lachmann Bech¹.* gein mînem gr. se dicke neic *Paul 205.*   **101** dô] die *A, fehlt Tax.*   **103** da maynet ich *A,* dô wânde ich *alle Hgg.* zu pessern *A.*   **106** swenne] wann *A,* ob *Wolff*.* sî des *Tax mit* sy des *A*] sîs *Wolff,* des *tilgen Haupt Bech Zutt.*   **107** aller.   **115** hielte *Tax.* noch *Bech.*   **116** sô gerte] sone gerte *Zutt,* so begeret *A.* aller *A Bech*] allez *Lachmann Wolff,* al der *Zutt,* keiner *Paul 205 Tax.*

---

99 unz *'solange als'.*   **102** ein wîp *'diese eine bestimmte Frau'* (Schönbach 387), vgl. *Mhd. Gr. §S 134.* gan *zu* gunnen *anV.*   **104** *'da wurde mir das schlechtere Los zuteil'.*   **105** *'ich glaubte, es würde mich ihr näher bringen'*; zur Ersparung des Subjektspron. im untergeordneten Satz vgl. *Mhd. Gr. §S 110.*   **106** swenne *'wenn'*; zu swenne in temporal-konditionaler Bedeutung vgl. *Mhd. Gr. §S 173,2.*   **117** engelten *stV. mit Gen. hier* 'büßen für etw.'.   **118** des *'für das, was'*; Pron. steht in Doppelfunktion, ist Demonstrativum u. zugleich Relativum, vgl. *Mhd. Gr. §S 166.1.*

120 so *en*wil ich mînes heiles niht.
   Friunt, wan ich die niht schelten sol
  der *al diu* werlt sprichet wol,
  sô sagete ich ze mære
  daz sî diu wirsest wære
125 der ich ie künde gewan,
  wan si mir ir guot*em* friunde erban
  daz ich vil gar âne ir schaden
  mîner swæren bürde würde entladen,
  und mich *in ir* dienest næme
130 als guotem wîbe wol gezæme,
  un*d m*it urloube gedæhte an sî.
  nû ist der gedanc alsô frî
  daz sî mir den niht *w*eren mac,
  ich *en*sî ir heimlich allen tac
135 alsô mit gedanken ein man
  einem wîbe beste kan.
  wan swaz mit werken mac ergân,
  daz hân ich mi*t* gedank*e* getân,
  daz doch ir êren wol gezimet;
140 mîn muot im sîn niht fürbaz nimet.
  daz ist doch mîn freude gar
  daz ich gedenken getar;

---

120 wil. **121** wann ich die *A Tax,* wan deich die *Haupt Zutt,* wan deich *Bech Wolff.* **122** alle welt. **126** gůten. **128** swæren b.] swære *Haupt Zutt.* **129** in ir dienest *Wolff Zutt*] mit dienste *A.* **130** wol *tilgen Hgg. außer Tax.* zæme *Wolff*.* **131** vnd daz mit. **133** weren *Wolff**] gewern *A.* **134** ich sey. **137** dann was. **138** mit den gedancken.

---

121 friunt, *vgl. zu 59.* **123** *'so könnte ich öffentlich erklären'.* **124** diu wirsest *'die Schlimmste'.* **126** erban *zu* erbunnen *Prät.-Präs. mit Gen.* 'missgönnen', *der Gen. hier durch den* daz-*Satz 127 ausgedrückt.* **129** *Das Subjektspron.* sî *ist in dem mit* und *angeschlossenen Satz erspart und aus dem Kontext (*ir *127) zu ergänzen; vgl. Mhd. Gr. §S 208.2.* **133** wern *swV.* 'verwehren'. **134** ich ensî *'dass ich bin'; zum Nebensatztyp vgl. zu 50.* **137/38** *Sprichwörtlich, vgl. Iwein 4320; DSL 5, S. 238 (Nr. 38); TPMA 13, S. 208.* **140** *'mein Herz beansprucht für sich weiter nichts davon'.* **142** *Zum Inf. ohne* ze *nach Modalverben vgl. Mhd. Gr. §S 34.1.*

   ir *en*ist ouch niht mêre.
   nû wil sî des haben êre   22^vc
145 daz ich von *ir* verderbe
   und gar âne freude *werbe*.
   herze, daz machet mir dîn rât
   der mich ir niht entwenken lât.
    Sît ich niht guot verdienen sol
150 noch leide mac emphliehen wol,
   so gedenke ich dicke durch einen list
   dâ rede von guoten wîben ist
   von d*en* die sî erkennent.
   so si danne die besten nennent
155 und sagent waz diu tugende hât
   und rüegent der andern missetât,
   sô swîge ich vil stille.
   und wære daz mîn wille
   daz mich eteswer an ir ræche
160 und ir iht arges spræche
   daz ich von ir vernæme
   daz wîbe missezæme,
   etelîchiu mære
   daz sî mir unmære
165 und daz ich ir vîent müese sîn,
   so *en*tuont sî niht den willen mîn,
   wan so hœre ich niht *wan* einen munt:

---

143 ist. **145** von ir] von euch *A*, vil nâch *Bech.* verwerde *Bech.* **146** âne freude w e r b e *Schönbach 388 Tax*] an freude s t e r b e *Hgg.*, âne freude w e r - de *Bech* mit an freŭde w e r d e *A.* **147** mir *A Tax*] tilgen *Hgg.*; wan *für* mir *erwägt Haupt.* **151** gedenck *A Bech Tax,* gên *Lachmann,* gân *Wolff Zutt.* **153** von der. **164** das sey. **165** daz ich] deich *alle Hgg.* **167** 2. wan] dann *A.*

146 'ganz ohne Freude mich (um sie) bemühe'. **152** dâ = dar dâ 'dorthin, wo', mit Ersparung des Demonstrativums dar; gedenken *151* mit Richtungsangabe 'richte meine Gedanken dorthin, wo …'. **158** und 'auch wenn', Konzessivsatz mit Voranstellung von und, vgl. *Mhd. Gr.* §§ *157 Anm. 1.* **164/65** Explikative daz-Sätze zur Erläuterung von mære *153*, vgl. *Mhd. Gr.* § S *180.2.* **167** 'denn dann würde ich doch nur eine Stimme hören'.

in sî niht bezzers wîbes kunt.
dar an gewinne ich dan niht mê
170 wan daz mir wirt wirs dan ê.
ouch hete ich hie vor den sin,
des ich von leide nu âne bin.
    Herze, wan mirs dîn gewalt er*b*unde,
daz ich ouch erkennen kunde
175 ein guot wîp als ein ander man.
got weiz wol daz ich niht *en*kan
an ir erkennen wan guot,
lieze sî *niuwan* den einen muot
den si wider mich nû lang*e h*ât.
180 herze, nû sprich, waz ist dîn rât?
    Dû hieze mich ir dienen ie;
daz tæte ich gerne, wiste ich wie.
wære sî mir alsô guot,
daz sî leider niht entuot,
185 daz sî spræche ze mir
'dînen dienst wil ich von dir,'
swie *der* danne wære,
senfte oder swære,
gezüge ez nâch unz an den tôt,
190 daz diuhte mich ein senftiu nôt,
und wart nie dehein freise sô getân

---

170 wirser.   171 *Abschnitt Wolff statt mit A bei 163.*   172 von leide nu *Tax mit A,* vor leide *Zutt,* nû leider *Haupt Bech Wolff.*   173 Hertze *mit Initiale A, Abschnitt Zutt Tax.* herze *tilgen Haupt Bech Wolff.* erbunde *Bech Wolff*] erwunde *Tax Zutt mit A,* ervunde *Haupt (vgl. Schönbach 388).*   176 kan.   177 wan] niuwan *Wolff.*   178 niuwan] nŭr *A,* nû *Tax (dafür* nû *im folgenden Vers getilgt), getilgt von Haupt Wolff Zutt; Bech setzt* wan *an den Versanfang.*   179 gehabt hat.   187 dir.   189 gezüge ez nâch] gezeuget nahend *A,* gezüge et nâch *Bech,* züge et nâch ende *Tax.*   191 dehein (dhain *A*) *tilgen alle Hgg.*

---

170 wan daz *'außer dass'.*   172 âne sîn *mit Gen. 'etw. nicht haben'.*   173 erbunde *zu* erbunnen *Prät.-Präs. mit Gen. 'etw. missgönnen'.*   189 *'gienge es fast bis an den Tod'.*

    die dâ ieman solde bestân,
    ich *en*wære durch sî dar zuo *gereite*.
    ouwê daz sî mir niht *en*seite
195 wes sî von mir geruochte,
    daz si mîne triuwe versuochte!
    des *en*mac doch leider niht sîn.
    nû wizzest dû daz, herze mîn,
    daz ich ez lîde durch dîn gebot.
200 nu gedenke an den rîchen got
    und bewîse mich dâ bî,
    ob dû iht wizzest wâ von ez sî,
    daz ez mir noch etewaz gefrumet
    und mir ze allem guote kumet.
205 nu *en*sûme mich niht mêre;
    des hân ich frum und êre.

      Noch ist sî weizgot alsô guot,
    erkante sî rehte mînen muot,
    und ob ich wære ein heiden,
210 von der kristenheit gescheiden,
    daz sî durch niemans ræte
    sô sêre missetæte,
    swenne sî bekante daz
    daz ich ir noch nie vergaz
215 eines halben tages lanc,
    sî sagete mir sîn etelîchen danc.

---

193 wĕre *A*. gereite] gereit *Zutt**, bereit *Hgg. mit* berait *A*. **194** enseite] seit *Zutt mit* sayt *A*, enseit *Hgg*. **197** mag. **198** dû *tilgt Wolff**. **203** daz *Zutt Wolff*] ob *A*. **205** saŭme. **211** rede. **216** saget. mir sîn *Tax mit A*] mirs *Hgg*.

193 'dass ich nicht ihretwegen dazu bereit wäre'; zum Nebensatz mit en- allein und Konjunktiv vgl. Mhd. Gr. §S 160. **195** geruochen *swV. mit Gen. hier* 'etw. begehren, wünschen'. **198** nû wizzest dû daz 'nun sollst du das wissen'; wizzest *Konj. Präs.* **202** ob 'wenn', konditional, vgl. Mhd. Gr. §S 174.1. **205** Vgl. 1639. **206** des 'davon'. **216** danc sagen *mit Gen.* 'für etw. danken'.

Nû ist ez leider ein slac
daz ein wîp niht wizzen mac
wer sî mit triuwen meinet.
220 ouch ist in bescheinet
von mannen dicke selher list
der uns von rehte schade ist,
swaz man in mit eiden ie gehiez,
daz man des lützel wâr liez;
225 dâ von unsanfte ein wîp getar
ir êre wâgen alsô gar
ûf selhe ungewisheit.
der zwîvel tuot den mannen leit,
wan sî fürhtent daz ez ergê
230 alsô dâ vor vil maniger ê
diu ouch ûf stæter minne wân
mit grôzer forhte hete getân
des *ir* geselle *hete* gegert,
der *sî* lônes dûhte wert,
235 und *swenn* sîn wille danne ergie,
daz sî von im ze lône enpfie
vil ungeselliclîchen haz;
dô dûhte sî ez *verborn* baz.
wan daz ê was sîn *flêhen*,

---

224 wâr] gewæren *Tax*. **227** ungewizzenheit *Tax**. **229** wan si fürhtet daz ez ir gê *Bech Tax*. daz es *A*, deiz *Haupt Wolff Zutt*. **233** ir *fehlt A*. hete gegert *Hgg*.] da begert *A Tax*. **234** sî *Bech*¹·² *Zutt Wolff*] sich *A*. **235** swenn *Zutt Wolff*] daz *A Haupt Tax*, dô *Bech*. **238** verborn *Paul 205 Wolff* Tax*] verloren *A Haupt Bech Zutt*. **239** flêhen] phlegen *A*.

---

217 slac *stM. hier* 'Unglück'. **221** list *stM. hier* 'Hinterlist'. **222** schade 'schädlich', *adjektiviertes Subst.; vgl. Mhd. Gr. §S 106*. **224** des lützel 'davon nichts'; *zu* lützel *'nichts' (Litotes), vgl. Mhd. Gr. §S 143*. **232** forhte *stF. hier* 'Scheu' (Schönbach 389). **233** des 'das, wonach'; *Pron. in Doppelfunktion, vgl. zu 118*. **238** verbërn *stV*. 'unterlassen'; 'da glaubte sie, es wäre besser unterblieben'.

240 daz verkêrte *sich in* ein vêhen;
    wan in des dehein minne *t*wanc
    daz er sô sêre nâch ir ranc,
    ez gebôt im ein bœser muot,
    als er noch vil manigem tuot
245 durch swaches herzen lêre,
    ûf ein betrogen êre,
    daz er sich sîn gerüemen kunde.
    swie manic man ez befunde,
    daz dûhte i*n* êre unde *h*eil.
250 daz e*r* dem tiuvel *enteil*,
    sînem altherren, werden müeze
    – swie ich den fluoch gebüeze –
    und alle sîne gelîchen,
    der arme zuo dem rîchen!
255 sî sîn tôt oder leben,
    ich wil sî ir meister ergeben,
    daz er sîne knehte
    *h*œne wol nâch rehte,
    und got in beneme den trôst
260 daz sî iemer werden erlôst
    von der helle grunde.
    swaz ich des segens kunde,
    des wære ich gerne ir beteman,
    wan ich in ir lônes wol gan.

---

240 *Wolff*] das verkeret an ein v. *A*, was verkeret in ein v. *Zutt**. sich an *Tax*, er an *Haupt Bech*.   241 betwanc *Haupt Bech* mit *A*.   247 sich sîn *Tax* mit sich sein *A*] sichs *Hgg*.   249 des dauchte in ein ere vnd ein heil *A*.   250 er] es *A*. enteil] ein tail *A*.   256 geben *Haupt Zutt Tax*.   257/8 seine knechte / lone wol nach rechte *A*, sînen knehten : lône wol nâch (nâch dem *Paul*) rehten *Tax Paul 205f*.   258 hœne *Lachmann Bech Wolff**] lône *Bech¹ Zutt Tax* mit *A*.   264 ir l. in wol g. *Haupt Zutt Wolff*.

---

246 Vgl. 774 und zu 75.   248 swie 'obgleich', Konzessivsatz, vgl. *Mhd. Gr.* § S 175.1. befunde *Konj. Prät.* 'herausfinden könnte'.   251 altherre *swM*. 'Ahnherr'.   258 hœnen 'schikanieren'.   260 iemer 'jemals'.   262 sëgen *stM*. hier ironisch für fluoch 252.   263 beteman *stM*. 'Fürbitter'.

265 Sîn *en*müeze *n*iemer werden rât,
swer den site erhaben hât
bî dem sô maniger *b*ilde nimet
daz in des valsches wol gezimet
daz er sich *d*unket rîche
270 sô er ein wîp *beswîche*
und ob er si mac betriegen.
der vor*des* nie gelernte liegen,
der kan ez danne harte wol
sô er ein wîp beswenken sol:
275 er heizet ez eine behendekeit.
daz in got gebe leit!
sî wendent werltwünne vil,
von minne manic süeze spil.
diu wîp *sint* dâ von verzaget,
280 und swaz in ieman gesaget,
des swerent sî wol einen eit
ez wære gar ein lügelicheit,
und lâ*n*t ez dâ von belîben.
daz schadet uns an den wîben,
285 daz maniger âne lôn bestât
der in doch wol gedienet hât.
 Des selben hœre ich alle tage
vil maniges mannes herz*e*klage
der doch niht tiur*r*e möhte sîn.

---

265 můsse immer.   **267** ebenpilde.   **269** bedunckct.   **270** beschweche (: reiche).   **271** ob tilgt *Wolff*.   **272** vordes *Haupt Bech Zutt*] vor da *A*, vor dan *Tax*, vor *Wolff*. lernte *Wolff*.   **274** beswîchen *Haupt Zutt*.   **279** sein.   **282** wese *Bech Tax*. lügelicheit *Haupt Tax* mit *A* luglichait, lügeheit *Haupt (App.) Hgg*.   **283** lat.   **288** hertzenklage *A*, herzen klage *Tax*.   **289** tewre.

---

265 rât wërden *mit Gen. d. Pers. hier* 'jmdn. retten'.   **270** beswîchen *stV.* 'hintergehen'.   **272** vor des 'zuvor'.   **274** beswenken *swV. hier* 'betrügen'.   **289** tiurre 'besser', *Komparativ zu* tiure.

290 des *kreftigônt* die sorgen mîn,
  wan so fürht ich daz sî mirz ouch tuo.
  nû kum, tôt, ez ist niht ze fruo;
  wan swenne ich gedenke dar an
  swaz ich freude*n* ie gewan,
295 die leschent sich begarwe
  und wandelt sich mîn varwe
  und *erzücket* mich ein muot,
  der mir harte unsanfte tuot,
  gâhes als ein donerslac,
300 daz ich niht rehte wizzen mac
  waz oder wie mir ist geschehen   23ʳᵇ
  oder *wes* ich wider den sol jehen
  der mir danne sô nâhen ist bî
  daz er mich frâget waz mir sî,
305 dem *en*sag ic*h o*uch niht mê
  wan 'geselle, mir ist *im* herzen wê.'
   Daz tuon ich danne durch den list
  daz ieman wizze waz mir ist;
  wan ich getar nieman sagen
310 'daz herze hiez michz *eine* tragen.'
  daz ist mîn aller meister slac.
  ich *en*weiz *w*es ich dir danken mac;

---

290 des kreftigônt *Lachmann Wolff Tax*] des creffte gůt *A,* daz kreftigôt *Bech,* daz kreftiget *Zutt.*   **291** dann.   **293** dann.   **294** freude.   **297** erzücket *Wackernagel Zutt Wolff*] erkücket *Bech Tax mit A* erkŭcket.   **302** was.   **303** ist sô nâhen *Wolff,* ist nâhen *Bech,* als nâ (nâhn *Haupt*) ist *Zutt Haupt.*   **305** dem sag ich denn auch nit me *A.*   **306** wan *Hgg.*] *fehlt A Bech.* im *Hgg.,* in dem *A Bech.*   **309** entar *Bech Wolff.*   **310** einic *Tax mit* ainig *A.*   **312** Ich wais nit.

---

290 kreftigôn *swV.* 'zunehmen, mehren', mit der im Alemannischen verwendeten altertümlichen Form auf -ôn, vgl. Mhd. Gr. § L 57.5.   **293** wan swenne *'denn wenn immer'.*   **297** *'und es überfällt mich eine Stimmung'.*   **308** daz ieman wizze *'damit niemand wisse'*; zu ieman statt nieman *in mit* daz *eingeleiteten Finalsätzen vgl. Mhd. Gr.* § S 147.1.   **310** eine *Adv.* 'allein'.   **311** slac *'Unglück' wie 217.*   **312** Zu en-/-ne *als einzige Negation in Verbindung mit* wizzen *vgl. Mhd. Gr.* § S 144.2.

      wan ich den man wol funde
      der mir gerâten kunde,
315 getorste ich râtes frâgen.
      daz ich doch mînen mâgen
      mîniu leit niht klagen sol,
      herze, dar an tuost dû niht wol,
      sît ouch dû mir niht râtes gîst.
320 sô grîfe ich dicke dâ dû lîst
      und kæme dir es gerne ze klage;
      so ist alsô guot daz ich ez verdage,
      wan sô verest dû dar inne
      – daz heize ich unminne –
325 von freuden als ein vogellîn.
      nu wie möhtest du ungetriuwer sîn?
      wan ich solde zuo dir haben fluht;
      und wære ez niht ein unzuht,
      ich schrire wâfen über dich.
330 nû war umbe tœtest dû mich?
        Got hât leider gegeben
      mir mit dir ein unnützez leben,
      wan daz ich ez wol helen kan.
      ich bin ein freudelôser man,
335 wan mich des tages unmanige zît
      diu selbe *leide vrî gît*.
      sô aber sî mich danne verlât
      – daz leider selten ergât –
      unde ich mich erbiute

---

316 Hertze daz.   **321** kome.   **322** ist mir *A Tax*. ich es.   **323** varestu. **329** schrye.   **331/2** Got hât mir l. g. / mit dir *Haupt Bech Wolff*.   **336** leide vrî gît] nôt vrî gît *Hgg*. (zu vrî gît *vgl*. 751), zeit vergeit *A*, leide vergît *Tax*. **338** vergat.

---

316 mâc *stM*. 'Blutsverwandter'; mâge *im Unterschied zu* friunde *vgl. zu 59*. **321** 'und würde vor dir gerne darüber Klage führen'; *zur Bedeutung von* klage *vgl. zu 30*.   **329** wâfen über dich *'wehe über dich'*.   **333** wan daz *'nur dass'*; Exzeptivsatz mit wan daz, *vgl. Mhd. Gr. § S 180 Anm. 3*.   **336** leide *stF*. 'Leid, Betrübnis'.

340 ze freuden durch die liute,
   sô hât leider mîn schimph
   deheiner slahte gelimph,
   wan er mir niht von herzen gât.
   mîn schimph *mir* alsô ane stât
345 daz alle die beg*i*nnent jehen
   die mich ê hân*t* gesehen,
   so ich alsô ungefüege bin,
   ich habe verwandelt den sin
   und ich sî worden unfruot.
350 so *e*nwizzen sî *w*az ez mir tuot
   und daz *sich* mûtiert mîn muot
   rehte alsô des meres fluot.
   sô daz der *ober* wint verlât
   und ez mit ganzen ruowen stât
355 und dar ûf guot ze wesen ist,
   sô kumet ez vil lîhte in kurzer frist
   daz sich beweget der grunt
   – daz ist allen den wol kunt
   die dâ mite gewesen sint –
360 und hebet sich ûf von grunde ein wint
   – daz heizent sî *selp*wege –
   und machet grôze ündeslege
   und hât vil manigem den tôt gegeben
   ze bœsem wehsel für daz leben
365 und vil manigen vesten kiel

---

344 mir *fehlt A.* **345** begu*n*nent. **346** hân*t Wolff Tax*] habent *Hgg.*, habn̄ *A.* **350** wissen sy nicht. **351** sich (ich *A*) mûtiert *Bech* Tax* A,* sich moviert *Lachmann Zutt Wolff.* **353** ober wint *Lachmann Zutt Wolff*] ebenwint *Bech,* eben wint *A Tax.* **356** villeicht *A,* lîhte *alle Hgg.* **361** selber wege. **363** vil manigem *A Tax*] vil manne *Hgg.*

341/2 'so wirkt mein Frohsinn deplatziert'; *vgl. Iwein 4111f.* **350** Zur Negation bei wizzen *vgl. zu 312.* **351** mûtieren *(aus lat.* mūtāre*) swV. refl.* 'sich ändern, umschlagen (in eine andere Stimmung)', *synonym mit* verwandeln *348; zum Bild Schönbach 204f.* **361** selpwege *stF.* 'Grundsee, Springflut'; *vgl. z. St. Wolff und Schirokauer über diese Naturerscheinung am Bodensee.*

versenket in des meres giel.
  Dem gelîchet sich daz leben mîn.
swenn ich mit freuden wæne sîn,
sô rüerent mich die sorgen
370 die ich dâ trage verborgen,
und siufte ûf von grunde
mit lachendem munde,
und truobent mir diu ougen. 23ʳᶜ
der rede ist unlougen,
375 wan daz ez unmanlich wære,
weinen ich niht verbære.
  Mir wirt aber sus sô wê
daz ich bî den liuten mê
belîben niht getar.
380 sô gân ich alters eine dar
dâ nieman ist wan mîn
– ich müese anders ir aller spot sîn –,
unz mich diu swære verlât
diu mich dâ vor begriffen hât.
385   Herze, wærest dû ein man
– des *dir* got niene gan –
und hete ich dir *den* vater erslagen
– daz unsanfte *ieman* mac vertragen –
und alle dîne friunt benomen,
390 ez *wær* mich genuoc tiure anekomen;
wan *dû* mir alle gnâde *werest*
und mich *alles des beherest*

---

373 truebent. **377 D**ir. **379** niht belîben *Haupt Zutt Wolff*. **382** ich enwelle *Bech.* anders *tilgen Haupt Bech.* aller *tilgen Zutt Wolff*. **386** dir *Paul 206 Wolff*] mir *A*. **387** den (*vgl. Iwein 850*)] deinen. **388** sanfte nieman *Tax.* nyemand. **390** Zwar mich. **391** Wan da mir alle gnad war ist. **392** des alles beherest *Tax mit* des alles beher ist *A*.

---

374 = *Iwein 2966*; unlougen *stN.(?) mit Gen. in der Beteuerungsformel:* der rede ist unlougen *'was ich sage, lässt sich nicht leugnen'; vgl.* E. Gierach, ZfdA 55, 1917, 537. **380** alters eine *'allein auf der Welt (alter), ganz allein'*. **381** wan mîn *'außer mir'; wan mit Gen. wie eine Präp. gebraucht*. **390** *'es wäre mich teuer genug zu stehen gekommen'*. **392** behern *swV. mit Akk. d. Pers. u. Gen. d. Sache 'jmdn. einer Sache berauben'*.

daz freude geheizen mac.
nû muoz ich dulden dînen slac
395 und leben mit selher swære
daz mir bezzer wære
mit êren genomen den tôt
dan als unendehaftiu nôt
dâ dû mich, herze, in hâst brâht.
400 durch *waz* hâst dû dirs erdâht
daz dû mich alsô wellest twelen
daz dû mich lebend*en* mügest quelen?
  Möhte ich nû wizzen daz,
wâ von ich dînen haz
405 von êrst*e* gearnet hæte,
vil gerne ich dich bæte
daz dû ez durch got verkürest
und uns beide niht verlürest;
wan ez dir schaden beginnet
410 swenne *dir mîn* zerinnet.
wer sol den strît nû scheiden
under uns beiden?
wan du tuo ez durch gotes êre,
und *rich* dich niht *ze* sêre.
415 habe ich dir iht getân,
des lâ mich dir ze buoze stân
und rihte selbe über mich;
sô êrest dû *ouch* dich.
  Dû maht mich gerne enpfâhen.
420 lâ dir niht versmâhen

---

397 der tôt *Haupt Bech.*   **398** also.   **400** daz. dir sein.   **401** mich] noch *Bech.*   **402** lebentigñ m. koelen.   **405** ersten.   **410** wann mir dein.   **414** richt.   ze *fehlt A.*   **418** ouch *Zutt Wolff*] *fehlt A.*

---

394 slac *stM. hier sowohl 'Herzschlag' als auch 'Angriff'.*   **401** twelen *swV. hier trans. 'hinhalten'.*   **410** zerinnen *unpers. mit Dat. u. Gen.; wörtlich: 'wenn es dir an mir zu mangeln beginnt'.*   **413** wan du tuo ez *'nur du sollst es tun'.*   **414** rich *Imp. 2. Sg. von* rëchen *stV. 'rächen'.*   **416** ze buoze stân *mit Gen. 'für etw. büßen'.*

>
> mîn dienest und mîn friuntschaft,
> und *twinc* mich *mit* selher kraft
> und *ze* selhen dingen
> diu ich müge volbringen;
> 425 sô diene ich dir als ich sol
> und kumt uns beiden ouch wol.
>   Nû bin ich gar versêret,
> daz heil ist mir verkêret
> an ungehôrten dingen;
> 430 des muoz mich sorge twingen.
> freude soldest dû mir geben;
> nû leidest dû mir daz leben
> und *erbanst* mir daz ich frô sî.
> doch muoz mich iemer dâ bî
> 435 die wîle ich lebe wunder nemen,
> und wolde ez gerne vernemen
> von dir, trût mîn herze,
> ob dich mîn smerze
> iedoch sô gar vergebene stê
> 440 daz dir dâ von niht werde wê.
> des *entorste* aber ich niemer gefrâgen,
> wan *sîn mohte dich* betrâgen,
> sus reizest dû mich dar zuo
> beide spâte unde fruo,
> 445 wan ich*s* durch daz gefrâget han

---

421 meine dienst.   **422** důnck mich sölher kr. *A*, bedenke mich solcher kr. *Tax**.   **423** ze Zutt *Wolff*] mit *A*.   **433** erwůnst *A*, erwerst *Tax*.   **441** dorffte. ich ab nie *Wolff*.   **442** Wann sy möchte sein dick b.   wan es *Tax*, wans *Wolff*.   **443** swie dû reizest *Wolff**.   **445** ich sein.

---

428 verkêren *swV*. hier 'ins Gegenteil umschlagen'.   **429** 'in unerhörter Art und Weise'.   **432** leiden *swV*. 'verleiden'.   **433** erbanst *zu* erbunnen, *vgl. zu 126*.   **439** vergebene stân *mit Akk. d. Pers.* 'jmdm. gleichgültig sein'.   **442** wan 'denn'. betrâgen *stV. unpers. mit Akk. d. Pers. u. Gen. d. Sache* (sîn) 'langweilen, verdrießen'.   **443** sus 'so aber'.   **445** ichs = ich es. frâgen *swV. mit Gen.* 'fragen nach etw.'. *Die alem. Kurzform* han *für* hân *gebraucht Hartmann öfter im Reim, vgl. Zwierzina, Bibl. Nr. 38, 1900, S. 363 Anm. 2.*

daz ich gedenke dar an
daz dû von schulden sanfte lebest
und under mînen brüsten swebest
als der kerne under der schalen;
450 ich mag uns wol zesamene zalen.
 Diu nuz *diu an* dem boume stât,
swaz weters sî *dâ* ane gât,
daz nimet diu schale über sich;
wan daz ist wol billich
455 daz sî dem kernen fride *b*er
die wîle sî dâ ûzen wer
und daz sî im vor sî.
doch ist der kerne niht gar frî:
witert ez der schalen als ez sol,
460 dâ von gedîht der kerne vil wol;
swelch weter der schalen ouch wê tuot,
daz ist dem kernen dehein guot,
wan er muoz sîn ouch engelten.
daz triuget ouch vil selten
465 Der einen kezzel an die gluot
vollen wazzers tuot,
ob erz dar an gefrœret,
daz ist ungehœret,

---

449 als wie der k. **451** diu an] sô under *Tax* mit* so vnnder *A*. loube *Tax*. **452** dann. **455** geper. **460** vil tilgen *Hgg. außer Tax*. **461** Welhes. **462** ist. dehein guot] kain g. *A*, kein g. *Hgg*., borguot *Bech*. **466** waſser. tuot *Tax mit* tůt *A*, getuot *Hgg*. **467** er es.

---

447 von schulden *'mit Recht'*. **450** zalen *swV*. *'zählen'*; zesamene z. *'vergleichen'*. **451/52** *Herausgestellter Nominativ (erweitert durch einen Relativsatz), der durch* sî *452 in die Konstruktion integriert wird, vgl. Mhd. Gr. § S 56*. **452** swaz weters *Pron. mit Gen. zur Bezeichnung der Beschaffenheit* 'was für ein Wetter'; *vgl. Mhd. Gr. § S 79*. **455** fride bërn *'Schutz gewähren'*. **456** wer zu wërn *swV*. *'währen, sich befinden'*. **457** vor sîn *mit Dat.* 'jmdn. schützen'. **458** frî *d. h.* 'frei' *von Widrigkeiten*. **459** witern *swV*. *'wettern', hier unpers. mit Dat.* 'trifft (gutes oder böses) Wetter auf etw.'. **461** ouch *'dagegen'*. **464** vil selten *'niemals' (Litotes), vgl. Mhd. Gr. § S 143*. **467** ob *'wenn'*. gefrœren *swV*. *'zum Gefrieren bringen'*.

wan ez diu hitze niht erlât
470 diu ez von dem kezzel ane gât,
ez *enw*alle dar inne.
von *eteswiu*, wæne, ich sô brinne,
swie daz iemer müge komen.
daz het ich lieber vernomen,
475 sît daz dû mitten in mir *list*,
ob dû des schaden sicher sîst
daz er dich niht sol twingen.
bî disen zwein dingen
sô nim ich dicke *b*ilde;
480 doch ist ez mir noch wilde
wie ez dar umbe stê.
der selbe zwîvel tuot mir wê,
herze, als dû vil wol weist.
waz gewirretz dir ob dû mirz seist?
485 ›Lîp, ich wil ez gerne sagen,
wan ich möht ouch ze lange dagen.
lîp, ich bite dich durch got
daz dû lâzest dînen spot
und gebiut dînem munde
490 hie ze dirre stunde
daz er stille gedage

---

471 es valle. **472** etswem *Tax mit* ettwem *A.* wæne *Haupt Zutt.* wæn ich br. *Wolff.* **474** lieber *A Haupt (vgl. Erec 8969)*] gerner *Hgg.* **475** bist. **477** süle *Bech Wolff.* **479** ebenpilde. **484** gewiret es. mir es.

---

469 wan *'weil'*. erlâzen *stV.* hier *'zulassen'*. **471** ez enwalle dar inne *'dass es darin aufwallt, siedet'*; zum Nebensatztyp vgl. zu 50. **472** von eteswiu *Instrumental nach Präp.; vgl. Mhd. Gr. §M 45.* wæne ich so brinne = ich wæne ich sô brinne; wæne *ohne Subjektspron. 'meine ich' bzw. 'ich meine' eingeschoben in den Satz, der davon abhängig ist, s. Wolff zu Iwein 842 und Mhd. Gr. §S 158.* **478/9** *'an diesen zwei Dingen (der Nuß in der Schale und dem Wasser im Kessel) nehme ich mir oft ein Beispiel'.* **480** wilde *hier 'unerklärlich'.* **484** gewërren *stV. 'schaden, hindern'.* seist = sagest *Kontraktion, vgl. Mhd. Gr. §L 27.* **485–972** *Erste Rede des Herzens.* **486** dagen *swV. 'schweigen'.* **491** gedagen *das Präfix ge- zur Bedeutungsverstärkung, vgl. zu 19.*

   unde lâze sîne klage
   einem man de*n* ir nôt ane gê.
   mir tuot dîn lürzen vil wê,
495 dû tuost mir maniger slah*te l*eit.
   ez ist *eht* wâr daz man mir seit:
   swâ der schade sî,
   d*â wone* der spot vil ofte bî.
   daz ist an mir wol worden schîn:
500 *der* muoz dâ mite sîn.

    Dû tuost als der schuldic man
   der sich wol ûz nemen kan;
   als er den schaden getuot,
   sô lêret in sîn karger muot,
505 – daz im ouch dicke frumet, –
   daz er ê ze hove kumet.
   sîn schulde kan er wol verdagen
   und begi*n*net über einen klagen
   dem er den schaden hât getân.
510 der muoz im dan ze buoze stân.

---

493 einem man dem ir nôt gê *Wolff Haupt Bech*, einem man des im nôt gê *Zutt.* dem. **494** lursen. **495** slachte vil layd. **496** eht] eben *A Tax.* **497** swâ] wo *A*, swâ sô *alle Hgg.* **498** dâ wone] dauon *A*. **499** daz] des *A Tax.* **500** der muoz *Wolff*] das mûs *A*, daz der müeze *Zutt**, daz müeze *Hgg.* **508** begunnet. einen *A Tax (vgl. 2. App.)*] jenen *Hgg.*

---

493 'einem Mann, den Klagedruck heimsucht'; ir *Gen. bezogen auf* klage 492. **494** lürzen *swV. subst.* 'Simulieren, Heuchelei'. **497/8** *Sprichwort:* 'Wer den Schaden hat, darf für den Spott nicht sorgen', *vgl. DSL 4, S. 48f. (Nr. 154); Parzival 289,11* der schadehafte erwarb ie spot. **499** = *Erec 5993.* schîn *Adj.* 'klar, offenbar'. **500** der *bezogen auf* schade 497. **501** schuldic man 'Angeklagter'. **502** 'der sich aus der Klage zu ziehen versteht'. **503–6** 'sowie er den Schaden verursacht hat, so lehrt ihn seine Hinterlist, was ihm auch oft nützt, dass er eher (als der Gegner) vor dem Hofgericht erscheint'; *vgl. Schönbach 241.* **507** sîn schulde 'seine Schuld', d. h. weswegen er angeklagt ist. verdagen 'verschweigen'. **508** ein *hier zur Bezeichnung einer bestimmten Größe, die danach genannt wird, vgl. O. Behaghel: Deutsche Syntax, Bd. I, 1923, S. 416f.* **510** *Vgl. zu* 416.

dâ von muoz der reine man
danne zwêne schaden han:
er geniuzet sîner unschulde
daz im sînes herren hulde
515 ze sînem schaden wirt verseit.
dem gelîchet *sich* daz mîn leit.
 Sît ich kumber von dir trage,
liezest dû *joch* dîne klage
und dî*n*e üppigen drô,
520 mich *en*diuhte niht ich wære frô.
nu *enweiz ich* war umbe dû ez lâst,
sît dû ez gesprochen hâst
dû wellest dich an mir rechen
und ein mezzer in mich stechen,
525 daz het ich vil wol versolt.
wan dû mir daz gelouben solt,
wære ich gewaltic über dich
sô dû bist über mich,
daz ich hende hæte,
530 dîn leben wære unstæte,
ich tæte dir vil schiere schîn
daz ich unschuldic *welle* sîn
des kumbers den ich von dir hân.
der müese dir ze leide *er*gân.

---

516 sy.   **518** joch (*Leitzmann 221*)] doch nůr *A*.   **519** dî*n*e *Wolff*] dîn *Hgg.* mit dein *A*.   **520** deuchte.   **521** nu *enweiz ich*] Nu wayſs *A*, ichn (ine) weiz alle *Hgg*.   **532** wil.   **534** gan.

---

511 der reine man *'der Unschuldige'*.   **512** *Zur alem. Kurzform* han *im Reim vgl. zu 445.*   **513** *ironisch:* 'das hat er von seiner Unschuld' (*Schönbach 242*).   **515** ze sînem schaden *'zu dem schon erlittenen Schaden dazu'*. verseit = versaget; *vgl. zu 484.*   **516** daz mîn leit: *zur Verbindung des best. Artikels mit dem Poss.-Pron. vgl. Mhd. Gr. § S 119.*   **519** dîne üppigen drô *'deine übermütigen Drohungen'*; drô *Pl., vgl. Mhd. Gr. § M 18 Anm. 6.* **522–24** *Vgl. 69–70.*   **525** versoln *swV. 'verdienen'.*   **530** unstæte *'vergänglich, von kurzer Dauer'.*   **531** schîn tuon *mit Dat. und Objektsatz* 'jmdm. zeigen, dass …'.   **532/3** unschuldic … des kumbers *'unschuldig an dem Schmerz'*.

535 Dû sprichest dîn kumber sî mîn rât.
dû weist wol wiez dar umbe stât,
daz ich sô vil niht wizzen mac
wenn ez sî naht oder tac.
ich erkenne übel noch guot,
540 ich bin weder frô noch ungemuot,
wan als ez *m*ich von dir wirt ane brâht.
dû hâst dich der rede niht wol bedâht,
daz dû mich dar umbe sprichest an
des *ich schulde* nie gewan.
545 En*blant* ez dî*n*en ougen,
wan des ist *un*lougen
du *en*habest siu geschaffen dar zuo
daz sî spâte unde fruo
übel unde guot *er*sehen
550 und mir ân mînen danc spehen
swaz mir der dinge ist erkant;

---

535 sprichest *A*] gihst *alle Hgg.* **539** enkenne *Tax.* **540** enbin *Tax.* weder tilgen *alle Hgg.* **541** wan als ez mich] wann als es nich *A*, wan als mich *alle Hgg.* angebracht. **544** des schulde ich. **545** Entplenndet es deine. **546** des ist unlougen *Wolff**] des ist on laugen *A*, daz ist âne lougen *Hgg.* **547** du habst sy geschaffen dartzů *A*, dune habest si geschaft dâ zuo *Bech*, du hast si geschaffen da zuo *Zutt Tax*, diu ensîn geschaffen dar zuo *Wolff.* **549** ersehen *Wolff*] zesehen *A*, besehen *Haupt*, gesehen *Hgg.*

---

535 Vgl. dîn übeler rât 77; 'du schiebst mir die Verantwortung für dein Leid zu' (Schönbach 243). **537** sô vil niht 'nicht einmal soviel'. **538** wenn 'wann'. **540** ungemuot 'traurig'. **541** ane bringen *mit Akk. d. Pers. u. Akk. d. Sache* 'jmdn. etw. lehren', hier 'nur insofern, als es mir von dir beigebracht wird'. Nur durch die Sinne des Leibes erfährt das Herz überhaupt etwas von außen (vgl. Schönbach 243). **542** sich bedenken *mit Gen.* 'sich etw. überlegen'. rede *hier* 'Anklage'. **543/4** ane sprëchen *mit Akk. d. Pers. u. Gen. d. Sache* 'jmdn. einer Sache beschuldigen', der Gen. ist hier durch den Relativsatz ausgedrückt, das Relativpron. des steht im Kasus, den der übergeordnete Satz erfordert; vgl. Mhd. Gr. § S 166. **545** enblanden *stV. mit Dat.* 'angelegen sein lassen', hier 'strenge deine Augen an'. **546** Vgl. 374. **547** 'dass du sie bestimmt hast dazu'; zum Nebensatztyp vgl. zu 50. **550** ân mînen danc 'ohne mein Zutun'. spëhen *swV.* 'erspähen, erkunden'. **551** der dinge *Gen. Pl. abhängig von* swaz.

durch daz hân ich sî genant
des herzen spehære.
ir spehens ich wol enbære.
555 swaz in der werlte geschiht,
des *en*weiz ich anders niht
wan als dû mirz enbiutest bî in.
dar under hân ich schœnen sin,
des ich wider dich engolten hân,
560 des du mich doch geniezen soldest lân;
sît dû mich *ze dînem* râte erwelet hâst
unde mich des niht erlâst,
sô weist dû wol daz ich dich nie
bœsiu dinc geminnen lie.
565 ze guoten dingen ich dir riet,
von allem valsche ich dich schiet.
dar umbe dulde ich dînen haz.
doch wil ich gerne lîden daz;
swaz mir dâ von geschehen sol,
570 ich *en*râte dir niemer niht *wan* wol.
    Mîner schulde ist ouch niht mêre
wan daz ich dîn êre
dir râte, swaz ich guotes weiz,
und mich ie dar wider fleiz
575 dar an dû hætest missetân,
daz dû daz muosest durch mich lân,

---

556 wais.   **557** mir es.   **560** doch *tilgen alle Hgg.*   **561** ze dînem râte] an deinen rat *A,* an den rât *Tax,* ze râte *Wackernagel Hgg.*   **570** rate. nichts dan wol.   **571** nichts.   **572** durch dîn êre *Zutt Wolff.*

---

554 enbërn *stV. mit Gen. 'auf etw. verzichten'.*   **556** des *'davon', Gen. zu* niht *'nichts'.*   **557** enbieten *stV. mit Dat. d. Pers. u. Akk. d. Sache u. Präp.* bî; *vgl. 541, hier 'als nur soviel als du mir es durch die Augen zukommen lässt'.*   **558** schœner sin *'starker Verstand'.*   **559** engëlten *stV. mit Gen. 'durch etw. Schaden erleiden'.*   **560** *'woran du mir doch den Nutzen solltest lassen'.*   **561** ze dînem râte *'zu deinem Ratgeber'.*   **564** bœsiu dinc geminnen *'schlechte Dinge lieben'.*   **566** valsch *stM. 'Unredlichkeit, Gemeinheit'.*   **572/3** *'außer dass ich dir deine Ehre anrate'.*   **576** muosest *Konjunktiv.*

mîn lêre muost dû *l*îden,
wol tuon und bôsheit *m*îden.
rich dich swie dich dunket guot;
580 ich *en*râte dir niht wan rehten muot.
　　Du verwîzest mir daz, bœser lîp,
daz ich dir riet an daz wîp.
daz hân ich weizgot getân;
wan ich weiz daz wol âne wân,
585 als mir mîn selbes sin verjach,
do ich sî durch dîniu ougen sach,
daz niht bezzers möhte sîn.
ich riet dirz durch den willen dîn;
war umbe wîzest dû mir *daz*?
590 wie moht ich *dir êre geben baz*?
nû wis dar nâch veile;
ez muoz dir komen von heile
ob sî dîn dienest twinget
daz dir an ir gelinget,
595 sô wirst dû der sæligiste man
der in der werlte ie liep gewan.　　　　23ᵛᶜ
dû maht dich gerne wâgen
an nütz*ez* râtfrâgen
nâch *a*lselher êre,

---

577 du durch mich leiden *A;* durch mich *tilgen Hgg. außer Haupt Bech.*　　**578** vermeiden.　　**579** richt *A,* rihte *Tax.*　　**580** rat.　　**583** weizgot] durch guot *Bech.*　　**588** dir es.　　**589** ez *vor* mir *ergänzen Zutt Tax.* daz *Bech Wolff*] *fehlt A.*　　**590** dir êre geben baz] bas geben eere dir *A,* dîn êre baz *Bech,* getuon dir êre baz *Wolff*,* baz gebieten dir *Lachmann Zutt*,* baz gunnen êre dir *Tax*.*　　**595** so wirst du *A Tax,* dû wirst *Hgg.*　　**598** nützez *Wolff*] nütze *Hgg.,* nutz *A.*　　**599** als solher Eere *A (vgl. 590),* alselher (alsolher) lêre *alle Hgg. seit Haupt, dessen Lesung vermutlich auf die fehlerhafte Abschrift von A zurückgeht, denn er gibt im App. keine Variante an.*

---

581 verwîzen *stV.* 'missbilligen'.　bœse *hier* 'treulos'.　　**584** âne wân 'ohne Zweifel'.　　**585** verjëhen *stV.* 'zu erkennen geben'.　　**588** durch den willen dîn 'um deinetwillen'.　　**589** wîzen *stV.* 'vorwerfen'.　　**591** 'nun lass dich dafür gewinnen', 'nun wage dich daran' (Haupt z. St.).　　**592** von heile 'vom Glück'.　　**598** 'an nützliches Fragen um Rat'.

600 *der* dû iemer mêre
von schulden muo*st* gewert sîn,
dû und ich, daz herze dîn.
　Dû klagest dich âne nôt ze vil.
*ja en*ist ez niht ein kindes spil,
605 swer daz mit rehte erwerben sol
daz im *geschiht von wîbe* wol.
swer ahte hât ûf *m*inne,
der bedarf wol schœner sinne
und swer ir lêre rehte wil phlegen
610 der muoz lâzen under wegen
swaz anders heizet danne guot
und minnen rehtes mannes muot.
dâ *h*œret arbeit zuo
beide spâte unde fruo
615 und daz man vil gedenke an sî.
minne machet nieman frî
ze grôzem gemache.
daz sint die selben sache
dâ man ir mite dienen sol,
620 wan sî lône*t harte* wol.
　*S*wer ir ingesinde wesen wil,
der bedarf selhes muotes vil
daz er gedenke dar zuo
wie er mêre guotes getuo
625 dan er dâ von gespreche:

---

600 der] *dâ von alle Hgg. mit A.*　　**601** můstu. gewert *A*] geweret *Tax*, geêret *Haupt Zutt*, getiuwert *Bech*, gewirdet *Wolff*.　　**604** ja enist] darumb ist *A*. **606** geschiht von wîbe *Wolff*] von weyben geschihet *A*, von wîbe (wîben *Tax*) geschiht *Hgg*.　　**607** auf die mynne.　　**613** hœret *Wolff* Tax*] gehŏret *A*. **618** daz] da *A*.　　**620** lonent. harte *Zutt Wolff**] vast *A*.　　**621** Wer.　　**622** darf *Haupt Bech Zutt*.

600/1 der *Gen. des Rel.-pron., abhängig von* gewert *601*.　　**603** sich klagen *swV. refl. 'sich beklagen' (vgl. Erec 6388)*.　　**604** ja *'allerdings'*.　　**605** mit rehte *'auf dem des rechtens, durch den rechtsgang' (Schönbach 244)*.　　**608** schœne sinne *vgl. 12, 558 und 949*.　　**621** ingesinde *swM. 'Diener'*.　　**623** *'dass er darauf bedacht sei'*.

27

      sîn triuwe durch nieman breche;
      milte unde manheit
      ist ir ze dienste niht leit;
      sînen lîp habe er schône
630 nâch der minne lône,
      er sî zühticlîchen *balt*.
      die tugent hân ich dir vor gezalt
      dâ mite dû erwerben solt
      daz dir die frouwen wesen holt.
635   Dû muost mit herten dingen
      nâch ir hulden ringen.
      beide sêle unde lîp
      muoz man wâgen durch diu wîp,
      swer sô lônes *an sî* gert.
640 er ist sîn anders ungewert.
        Daz ist alsô her komen.
      ouch hâst dû daz wol vernomen,
      dîn herze *en*wendet dich sîn niht.
      swaz ouch dir lasters geschiht,
645 des *en*darft dû an mich niht jehen;
      wan ich lâze dich wol sehen,
      wilt dû sîn haben mînen rât,
      daz dir niemer missegât,
      dir *en*geschehe älliu êre.
650 dû klagest von grôzem sêre
      und lebest müelîchen;

---

628 nicht *A*, niene *Zutt Wolff*.   **631** halt.   **639** an sî *Wolff*] von in *A*. begert.
643 wenndet.   **645** bedarfst.   **647** dûs *Wolff*.   **649** geschehe.

626–34 Vgl. den Tugendkatalog 1301–18 und Gregorius 247–58.   **629** 'sein Leben soll er tadellos ausrichten'.   **631** 'er sei auf höfliche Weise selbstbewusst'.   **632** vor zelen *swV*. 'aufzählen, nennen'; vgl. 1328.   **635** herte 'hart, schwer'; vgl. 429.   **640** ungewert sîn *mit Gen*. 'ohne Gewährung von etw. bleiben'.   **643** wenden *swV*. *mit Akk. d. Pers. u. Gen. d. Sache* 'jmdn. von etw. abbringen'.   **645** jëhen *stV. mit Gen. u. Präp*. an, hier 'darüber darfst du gegen mich nicht klagen'.   **647** sîn 'darüber', *Gen. zu* rât.   **649** Zum Nebensatztyp vgl. zu 50.   **650** sêr *stN*. 'Leid'.

ja *en*mac sich niht gelîchen
unse*r* kumber den wir tragen.
dû maht wol swîgen, lâ mich klagen.
655   Dîner sorgen ist sô vil,
si wæren wider die mînen ein spil,
ob ez alsô dar umbe wære
daz sî mich *d*ûhte*n* swære.
daz aber ich vil *lîdic*lîchen tuo,
660   daz hilfet mich dar zuo
und tuot mir *mîne*r sorgen rât.
wan mîn muot alsô stât
daz mich niht genüegen mac,
ich *en*flîze mich naht und tac
665   wie ich dir daz gefüege
des dich von rehte genüege
durch unser beider êre.
nu waz solt uns freude mêre?
und emphienge dich daz selb*e* wîp,
670   sô wærestû ein sælec lîp.
   *S*waz kumbers dich dâ von ane gât,
des tuost dû wol vil guoten rât.
dû hâst kurzwîle vil,
der ich dir manige zelen wil,
675   dâ mite dû sîn vergezzen maht.

---

652 mag.   653 unserm *Tax mit* vnnserm *A.*   655/6 sorge ist nie sô vil / si wære (enwære *Wolff*) wider die mîne *Haupt/Martin Zutt Wolff.* ist] sî *Bech.*   658 dûhten] bedauchte *A*, dûhte *Haupt/Martin Zutt Wolff.*   659 lediklichen. vil *tilgt Wolff.*   661 nymmer.   664 befleyſs.   665 zůgefůege.   669 daſſelbig.   670 sǎliger.   671 Was.   dâ von *Tax mit A (vgl. 740),* des *Hgg.*   672 wol *tilgt Zutt.*   vil *tilgen Haupt Wolff.*

---

656 ein spil *'eine Kleinigkeit'.*   657 *'wenn es nur darum ginge'.*   659 lîdiclîchen *Adv. 'geduldig'.*   660 hëlfen *stV. mit Akk. d. Pers. 'jmdn. unterstützen, fördern'.*   664 *'wenn ich nicht ...', Exzeptivsatz, vgl. Mhd. Gr. § S 159.*   665 gefüegen *swV. hier 'beibringen'.*   666 genüegen *unpers. mit Akk. d. Pers. u. Gen. d. Sache 'sich mit etw. begnügen'.*   667 = 725.   668 waz solt uns *'was nützte uns'.*   672 rât tuon *mit Gen. d. Sache 'sich befreien von etw.'.*   675 sîn *bezogen auf* kumber *671.*

mit slâfe ergetzet dich sîn diu naht;
die ruowest dû gar, daz ist wâr
– daz heize ich daz halbe jâr –;
den tac vertrîbest dû ringe
680 mit manigem lieben dinge:
dû hœrest singen unde sagen,
dû maht beizen unde jagen,
spilen unde schiezen,
wie solde dich verdriezen
685 tanzen unde springen?
dû maht wol sanfte ringen.
der dinge ist tûsent *stunt* mê,
diu lânt dir selten werden wê;
dû wirst von kurzwîle frô.
690 sô *en*ist mir niender sô:
den âbent und den morgen
ringe ich *ie* mit sorgen,
*dâ en*zwischen über alle zît;
kumber hât mich âne strît.
695 Sô dû an dem bette lîst
und aller sorgen ver*phlîst*,
sô wache ich und *hân* ahte
vil har*te* maniger slahte
wie ich ez bringe dar zuo
700 daz sî dînen willen getuo

---

676 dich sein *A*, dichs *Haupt Zutt Wolff*, dich *Bech Tax*.   **684** dichs *Tax*.
687 mal.   **690** ist.   **692** hie.   **693** dann zwischen.   **696** vergist.   **697** hân
Bech Wolff*] fehlt A.   **698** harter.

---

676 ergetzen *swV. mit Gen.* 'entschädigen für etw.'.   **677** die = die naht
Akk. der Zeit 'die Nacht über, nachts'.   **679** ringe *Adv.* 'ohne Mühe'.
682 beizen *swV.* 'mit Falken jagen'.   **686** sanfte ringen 'sich nicht sehr
anstrengen'.   **687** tûsent stunt 'tausend mal'.   **688** selten '*niemals*'
(Litotes), vgl. zu 464.   **690** 'dagegen geht es mir keineswegs so (wie dir)'; 1.
sô *den Übergang zu Entgegengesetzem anzeigend, vgl.* BMZ II,2,459a,11ff.
694 âne strît 'ohne Zweifel'.   **695** lîst = ligest Kontraktion, vgl. Mhd. Gr.
§ L 32.   **696** verphlîst = verphligest *von* verphlëgen *stV. mit Gen.* 'etw.
fahren lassen'.   **698** maniger slahte *Gen. abhängig von* ahte.

und bin ir allez nâhen bî.
doch ich hie heime *in dir* sî,
ich *en*kume niemer von ir.
dâ von ist ez daz sî dir
705 erschînet in dem troume.
nû nim der rede goume.
   *S*waz dir troumende geschiht,
daz *en*ist ouch anders niht
wan mîn *eines* arbeit.
710 sô sprichest*û*, dû habest leit;
ouwê wie sælic dû bist!
für sorgen kan ich deheinen list
wan einen, der ist ouch guot,
daz ich allen mînen muot
715 ûf anders niht gewendet hân
wan waz ich der dinge müge begân
dâ von dû lieb*e* gewinnest.
arbeit ist mir daz minnest.
   Doch swie vil mînes schaden ist,
720 des dû alles sicher bist
– wan daz dû mich sîn niht erlâst
mit üppekeit die dû dâ hâst –,
mich *en*hœret nie dehein man klagen,
und wolt in geduldiclîchen tragen
725 durch unser beider êre;
wan mîn ahte ist niht mêre

---

702 ich ir heimlich niender si *Zutt.* in dir *Haupt*² *Bech Wolff*] nindert *A*, iender *Tax**. **703** kume. **707** Was. **708** ist. **709** ainige. **710** sprichest. **712** keinen *alle Hgg. mit* kainen *A*. **716** dann. **717** lieb. **721** michs *Wolff*. **723** horet. nye kain man *A*, nie kein man *Hgg.*, niemen *Zutt.*

---

701 allez *Adv.* 'allzeit, stets'. **702** doch *Konj.* 'obgleich', Konzessivsatz, vgl. *Mhd. Gr.* §S 175,1. **706** goume nëmen *mit Gen.* 'acht haben auf etw.'. **709** mîn eines *'von mir allein'*. **712–17** Vgl. *Lieder MF* 211,29–34. **720** sicher sîn *mit Gen.* 'vor etw. sicher sein'. **722** üppekeit *stF.* 'Eitelkeit'. **724** *Ersparung des Subjektspron. im mit und angeschlossenen Satz, vgl. zu* 129. in *bezogen auf* schaden *719.* **725** = 667.

   wan wie ich dir müge gefüegen
   des dich sol genüegen
   freudebærer wünne.
730 der allez mankünne
   geschuof und in sîner gewalt hât,
   der gebe uns heil unde rât
   daz ich noch daz erringe
   daz uns an ir gelinge.
735 Des gewerbes, unz ich daz leben hân,
   lâz ich dich niemer abe gân.
   von *diu* verni*m*, *l*îp, waz *dû* tuo.
   grîf vil manlîchen zuo,
   wan ich erlâze dich sîn niht.
740 swaz kumbers dir dâ von geschiht,
   des zel mir diu zwei teil.
   jâ stât ez *a*lsô umb daz heil:
   im *en*ist ze nieman gâch,
   er *en*werbe dar nâch;
745 ez lât sich vil gerne jagen
   und entrinnet ouch dem zagen;
   swâ ez den lôsen jagære siht,
   den *en*lât ez sich vâhen niht;
   ez kan mit liste*n f*liehen.
750 man sol im zuo ziehen

---

731 sîner *tilgt Wolff.* **737** von dem vernym du leyb was die tů. **742** es nicht also. **743** ist. **744** erwerbe. **747** bœsen jeger *Zutt.* **748** lat. **749** mit listen vahen fliehen *A*, mit list den vâher vl. *Tax.*

727–29 *Vgl. 665/6.* **729** freudebærer wünne *Gen. abhängig von* des *728.* **730** mankünne *stN.* 'Menschengeschlecht'. **734** an ir *bei der umworbenen Frau.* **735** gewerp *stM.* 'Bemühen, Streben'. unz *'so lange'*. **737** von diu *'deshalb'*. waz dû tuo *'was du tun sollst'*, tuo *ist Imperativ.* **741** zwei teil *'zwei Drittel (des Ganzen)'*. **744** *'wenn er sich nicht darum bemüht'; Exzeptivsatz, vgl. zu 664.* **747** lôs *'frech, leichtfertig'*. **749–54** *Vgl. Gregorius 1697–1706 und Hahn, Bibl. Nr. 62, S. 95 ff.* **750** zuo ziehen *mit Dat.* 'sich zusammenziehen um etw., es umstellen', *vgl. Schönbach 327.*

daz man ez *n*iemer *vrî* gebe;
man sol ez ze nôtstrebe
genendiclîchen erloufen,
mit kumber *sælde* koufen.

755 Ouch hât diu werlt vil manigen man 24ʳᵇ
der nie ahte gewan
ûf dehein êre,
und hât doch heiles mêre
dan einer der die sinne hât
760 und dem sîn muot gar ze tugenden stât.
dem hât daz got *en*teil getân.
den suln wir ungenîdet lân,
wan swaz dem *liebe* geschiht,
ob er des iemer *giht*
765 ez kome von sîner frümekeit,
daz sî *im* gar widerseit;
er *en*sage im selben niemer des danc.
ich erteile im freude die sint kranc.

Swem *ez* anders *n*iht gefüeget,
770 – des manigen doch genüeget –
wan friundes helfe und sîn guot,
wil er dâ von sîn wol gemuot,
des *gan* ich im vil sêre,

---

751 ymmer vergebe; *vgl. 336.*   753 ginendiklichen.   754 sele.   760 gar *tilgen alle Hgg.*   761 ein tail.   762 vngeneidet A, ungeniten *Leitzmann 414 Wolff.*   763 was dem leibe von weiben g. A, swaz dem liebes (liebe *Haupt Zutt*) g. *Hgg., vgl. Iwein 2557.*   764 spricht.   766 in.   767 sage. des nimmer *Tax.* des *tilgen Hgg.*   769 Wem ich annders icht g. A, Swem iht anders ist *Tax.*   773 gunne.

---

752 nôtstrebe *stF. die Lage, in welcher das gehetzte Wild von Not gezwungen Halt machen und sich wehren oder ergeben muss (Bech z. St.).*   753 genendiclîchen *Adv. 'kühn, entschlossen'.*   754 = *Gregorius 1706.*   761 enteil tuon *'zuteil werden lassen'.*   762 ungenîdet *'von Neid verschont'.*   764 iemer *'jemals'.*   765 frümekeit *'Vortrefflichkeit'.*   766 *'in Bezug darauf sei ihm entschieden widersprochen' (Bech).*   768 kranc *'schwach'.*   769/71 ez *Akk. bezogen auf* heil *'Glück'; 'wem immer das Glück nichts sonst ermöglicht als ...'.*

wan ez ist ein betrogen êre
775 und ein kintlîcher wân.
als ich nû gesprochen hân,
sô kan ich dir bescheiden wol
wes ein man geniezen sol:
tugende unde sinne,
780 sô sint ez reine minne.
   Von *diu swem ez sô geziuhet*
daz *im* daz heil vor fliuhet
und er *niuwan* sînen gruoz
mit tugenden verdienen muoz,
785 als ez dir, lîp, ist gewant,
dem muoz werden erkant
wes er die liute dunket wert.
erwirbet er iht des er gert,
der mac im selben danc sagen
790 und den muot dâ von wol hôhe tragen.
   Jâ *wæne* ie dehein man
âne kumber liep gewan.
wir haben des mêre vernomen
von manigem, der doch volkomen
795 was an ganzem sinne
und ûf genâde der minne
dienete ie vil schône,
und beleip mit swachem lône,

---

774 wan *tilgen Zutt Wolff.* **781** Hgg.] Uon der wenn es so gereŭt *A*, Von diu swer des geruochet *Haupt.* **782** Zutt Wolff] daz man das hail vor fleŭcht *A*, daz in d. h. vliuhet (vervliuhet *Tax*, verfluochet *Haupt*) Bech Tax Haupt. **783** nůn. **788** Er erwirbet ichts des er begert. **790** dâ von *tilgen Haupt Zutt Wolff.* wol *tilgt Tax.* **791** Ia wann.

774 wan *einschränkend 'nur aber, gleichwohl', vgl. BMZ III,484b,21ff.* betrogen *'eingebildet, trügerisch', vgl. zu 75.* **780** minne *stF. wie 1863 im Pl.* **781–84** *Vgl. Gregorius 1697–1700.* **781** swem ez sô geziuhet *'wem es so bestimmt ist'.* **782** vor vliehen *mit Dat. 'vor jmdm. davonfliehen'.* **791** wæne = wæne ich, *eingeschobenes* wæne *ohne Subjektspron., vgl. zu 472.* ie = nie, *vgl. Mhd. Gr. §S 147.1.* **792** liep *stN. 'Freude'.*

danne daz ieman habe heil,
800 er*n* gedienes etlich teil.
    Lîp, dar an gedenke wol
und gebâre als ein man sol,
tuo niht mêre als ein zage,
lâ dîn üppige klage,
805 sich ûf unde wis frô,
und gebâre rehte alsô:
'got alsô guot, ich bin hie'.
jâ verliez got den sînen nie.
    *H*üete dich der bôsheit.
810 daz ir got gebe leit!
wische den mies von den ougen.
der rede sîn wir tougen;
dû weist wol daz du ie wære
ein rehter slîchære;
815 vil lêre ich an dir verlôs,
ich züge dich als lîhte muoterlôs.
ziph, welch ein höves*ch*er lîp!
welchen tiuvel hæte ein wîp

---

800 gedienes. 802 ein *über der Zeile nachgetragen*. 804 lafs. 807 got ist alsô guot als er was ie *Paul* 206 *Tax** (*gebessert nach Erec 8855f.* ouch ist mir daz vür wâr geseit, got sî als guot als er ie was). 808 jane *Zutt*. 809 Hüete *Wolff**] behüete *Zutt**, Er hüete *A*, Erhüete *Tax*, erriute *Lachmann*, errette *Bech*. der] *vor Zutt*. 816 die din übeler muot verkos *Zutt*. ziuge *Tax**. dich also leicht müterlos *A Tax*, als lîhte dich muoterlôs *Wolff*, als lîhte mûzær lôs *Lachmann/Haupt Bech**. 817 hoflicher. 818 hiet.

---

799 danne '*als*' *bezogen auf* mêre *793*. 800 '*der nicht ein gut Teil davon mit Dienst erwirbt*', *relative Ergänzung zu* iemen *im übergerdneten Satz, zum Nebensatztyp vgl. BMZ II,1,326b,11ff*. 802 gebâren *swV*. '*sich benehmen*'. 808 *Sprichwort:* '*Gott verlässt die seinen nicht*', *vgl. DSL 2, S. 48 (Nr. 1096); TPMA 5, S. 180 (Nr. 872)*. 809 hüeten *refl. mit Gen.* '*sich hüten vor etw.*'. 811 mies *stM*. '*Moos*', *hier für das, was die Augen am Sehen hindert*. 812 tougen sîn *mit Gen.* '*über etw. Stillschweigen bewahren*'. 813 dû wære *2. Sg. Ind. Prät.* '*du warst*'. 814 slîchære '*Kriecher, Einschmeichler*'. 816/7 *Vielleicht* '*ich hätte dich ebenso leicht wie ein Waisenkind großziehen können. Pfui, was für ein edler Balg!' Vgl. Gregorius 1285ff*.

selh*er wîs* an dir ersehen
820 daz sî *dir* liebe lieze geschehen?
   Sich, lîp, mir ist alsô wê
sam d*em* bluomen under dem snê
der in dem merzen ûf gât,
wan er niht ganzer helfe hât
825 *dan*noch von der sumerzît.
er duldet manigen herten strît
von des winters gewalt;
er tuot *im* dicke ze kalt,
unde sô *er* wære
830 schœne, ob in verbære
des winters meisterschaft,
sô benimt er im sîne kraft, 24ʳᶜ
und trîbet in von sînem rehte
der winter und sîne knehte,
835 daz ist der rîfe und der wint,
die den bluomen schade sint.
   Ouch vellet sî dicke der snê.
dannoch ist mînes schaden mê:
wan d*er* bluom*e g*edingen hât
840 daz sînes schaden werde rât
*s*wenne er umb den mitten tac
die sunnen wol gehaben mac,
und hât zuo dem meien trôst,
daz er danne werde erlôst

---

819 selher wîs *Wolff*] sŏlhs *A*.   **820** dir] von ir *A*.   **821** alsô *Wolff*] als *A*.
822 den.   **823/4** aufgeet: het.   **825** dem noch.   **828** in *A Tax*.   **829** er] *fehlt A*, der bluome *Zutt*.   **831** strengen winters *Schröder 247 Wolff, ebenso 845*.   **832** er *tilgt Zutt**.   **836** den] dem *Bech*.   **837** Auch *A, kein Absatz Bech Wolff*.   **839** die plůmen gewiſsen dingen.   **841** Vnd wenn.

821/2 alsô ... sam *'ebenso ... wie'*.   **822** bluome *swM*.   **828** ze kalt tuon mit Dat. *'jmdm. zu große Kälte zufügen'*.   **829/32** sô ... sô *'sowie ... dann'*; sô *im* Vordersatz in konditional-temporaler Bedeutung, vgl. Mhd. Gr. § S 173.3.   **833** rëht *hier* 'natürliche Entfaltung'.   **837** vellen *swV. hier* 'umknicken'.   **840** ez wirt rât *mit Gen.* 'einer Sache wird abgeholfen'.

845 von des winters hant,
wan sô *bristet sîn* bant,
und stât danne den sumer lanc
schône ân allen *getwanc*.
　So ist mîn gnâde kleine die ich hân,
850 wan so *en*lâst dû mich deheinen wân
ze liebe gewinnen.
swes ich von guoten sinnen
ze freuden gedenken mac
beide naht unde tac,
855 daz muoz ich under wegen lân,
wan ich der helfe niht *en*hân,
und belîbet *un*verendet
swâ es mich dîn bôsheit wendet;
wan dû bist leider unfruot,
860 niht *wan ze* gemache stât dîn muot,
des ich dir harte sêre *erban*.
sît ich an dir niht *en*kan
deheine tugende vinden
noch mit lêre überwinden,
865 so *en*wære mir niht sô wæge
sô daz ouch ich verphlæge
aller êren als*ô* dû;
sô lebete ich mit gemache nû,

---

845 *Vgl. zu 831.*　　**846** besteet seine pant.　　**847** steend.　　**848** gedannck.
849–50 *Mit abweichender Wortstellung Bech, mit Tilgung von* die ich han *und Änderung der Reime* (kleine : deheine / wânliebe gew.) *Lachmann.*　　**849** mîn *tilgt Wolff.*　　**850** wann so last du *A*, wan du (dune Zutt) lâst *Paul 206 Wolff Tax.*　　**856** han.　　**857** vnuerwendet.　　**860** wans.　　**861** erban] engan *A, vgl. Iwein 5255.*　　**862** kan.　　**865** wăr.　　**867** als.

846 brësten *stV.* 'zerbrechen'.　　**849** sô 'dagegen', *vgl. zu 690.* kleine 'nicht der Rede wert, nichts' (Litotes), *vgl. zu 224.*　　**850/1** wân ze liebe 'Hoffnung auf Freude'.　　**857** unverendet 'unausgeführt'.　　**858** wenden *swV. mit Akk. d. Pers. u. Gen. d. Sache* 'jmdn. von etw. abbringen'.　　**859** unfruot *hier* 'ehrlos, gemein'.　　**861** erban *zu* erbunnen, *vgl. zu 126.*　　**864** überwinden *stV. hier* 'überzeugen'.　　**865** wæge 'vorteilhaft'.　　**866** sô daz 'als dass'. *Zu* verphlëgen *vgl. 696.*

wan ich an ganzem sinne
870 doch niht mê gewinne
wan nôt unde ungemach.
ouwê daz ich daz ie gesprach!
daz muoz mich entriuwen
iemer mêre geriuwen.
875 wie solde ein herze verzagen?
jâ muoz ich ez iemer klagen
daz ie dehein bœser wanc
kæme in mînen gedanc.
ich wære dar an stæte,
880 ob ich *t*ugent hæte.
doch hât ez mich gerûwen sô fruo
daz ich ez noch widertuo;
wan swenne ich *gewenke* dar an,
so gehazze mich wîp und man,
885 ich *en*welle nâch êren ringen,
swie vil ich des mac bringen.
    Ich wæne dich *gevürdert* hân.
dû maht ez ûz dem muote lân
daz dehein dîn meisterschaft
890 an mir neme die kraft
daz ich durch valschen rât
gegen deheiner missetât

---

877 kain.   **878** kæme *Wolff*] kome A, kom *Haupt Bech Tax*, kam *Zutt*.   **880** die Iugent.   **881** gerawen.   **883** dann. gedencke *A Tax*.   **884** hazze *Zutt*.   **885** welle *A*, wil *Zutt*.   **887** dich gevürdert *Wolff**] dich gefrewet *A Haupt*, mich gefrüejet *Bech*, ditz gefrumet *Zutt*, dich des gevrîet *Tax*.   **892** ganntz kain.

---

869 an ganzem sinne '*bei klarem Verstand*'.   **873** entriuwen Adv. '*offengestanden, wirklich*'.   **877** wanc stM. hier '*Zweifel*', in Bezug auf die Anfechtung 865–67.   **881** gerûwen Part. Prät. von riuwen stV. '*betrüben, verdrießen*', zur Form vgl. Mhd. Gr. § M 77 Anm. 1.   **882** '*dass ich es noch rückgängig machen möchte*'.   **883** gewenken swV. mit Präp. an '*in Zweifel geraten über etw.*'.   **885** Exzeptivsatz '*wofern ich nicht …*', vgl. zu 664.   **886** bringen '*erreichen, vollbringen*'.   **889/90** '*dass je, irgendwie deine Überlegenheit es über mich vermögen werde*' (Bech).

gewinne *ie* deheinen muot.
mîne sinne *sint* sô guot,
895 vil bezzer dan *die* dîn.
dû muost mir gehôrsam sîn;
sô verre dû daz niht *en*tuost,
sô wizze daz dû haben muost
manige müelîche zît:
900 ez wirt ein êwiger strît.
durch daz volge drâte
mînem guoten râte
und merke mîne lêre.
sît daz ich durch dîn êre
905 dich *vlêgen* began,
sît hete ich mînen lantman
sînes schaden *ê* erbeten.
wir sîn niht rehte zesamen geweten,
wan wir ziehen niht gelîche.
910 man solde uns wærlîche
von ein ander scheiden;
daz kæme uns rehte beiden.
   Stüende der gewalt an mir
diu dinc ze verenden als an dir,
915 des *er* leider niht *en*tuot
– ich *en*hân gewaltes niht wa*n m*uot
und den frîen gedanc –,   24va

---

893 ie] sein *A*.   **894** sein.   **895** die *Paul 206 Wolff* * *Tax*] *fehlt A*.   **897** sô verre *Bech Tax mit* souerr *A*] swâ *Haupt*, swenne *Zutt Wolff**. tůst.   **905** phlegen.   **907** ê *fehlt A*. erpiten.   **915** er *Bech Wolff*] ez *Hgg. mit* es *A*. thůt *A Zutt*.   **916** han. nicht wann den m. *A*, wan den m. *alle Hgg*.

---

897 sô verre 'soweit, wenn', *vgl. Iwein 6070*.   **904–907** 'ich bat dich um das was dir ehre bringen würde: eher hätte ich von meinem nachbar erlangt daſs er wider seinen eigenen vortheil thäte.' (*Lachmann*).   **908** zesamen wëten *stV. hier* 'zusammenspannen'.   **909** 'wir ziehen nicht an einem Strange' (*Bech*).   **914** verenden *mit Akk.* 'etw. vewirklichen'.   **915** er = der gewalt. **916** gewaltes *Gen. abhängig von* niht; 'ich habe an Macht nichts als nur den Verstand und den freien Willen'.

dû mües*est* under dînen danc
nâch gelobtem worte leben.
920 nu *en*ist mir leider niht gegeben
des gewaltes mêre
– daz schadet uns beiden sêre –
wan daz ich der râtgebe dîn
ze allen dingen solde sîn.
925 nu *en*bist dû mir niht gehôrsam.
ich weiz wol daz ich nie vernam
deheines mannes missetât
sô verre über sînes herzen rât.
   Ez was ie ungewonlich.
930 dâ von sô *en*weiz ich
waz der an mir richet
der iemer daz gesprichet,
swa er dîne missetât gesiht,
daz er *dâ* zehant giht
935 daz ez ein valschez herze tuo.
dâ kume ich wunderlîchen zuo.
und verwizze man mir ez niht,
swaz lasters dir geschiht,
daz het ich schiere verklaget.
940 doch swaz ieman nû saget,
sô weiz daz unser herre Krist
daz ez âne mîne schulde ist
und daz mir unrehte geschiht,
ob joch sîn nieman giht.

---

918 mŭest.   **920** ist.   **925** bist.   **928** verre] gar *Zutt* Wolff*.   **929** *Kein Abschnitt Haupt Bech Wolff*.   **930** wayſs.   **934** dâ *Wolff**] so *A*, sâ *Hgg*.   **937** wizze *Haupt Zutt*.   **944** ob joch sîn *Hgg*.] ob es joch *Wolff*, doch ob sein *A*.

918/9 *Nachsatz zum Vordersatz 913 f.*   **918** under dînen danc *'gegen deinen Willen'*.   **919** nâch gelobtem worte *'gemäß gegebenem Versprechen'*.   **923** wan daz *'außer dass, als dass', vgl. zu 333*.   **928** über hier *'gegen'*.   **936** wunderlîchen *Adv. 'in verblüffender Weise, ich weiß nicht wie'*.   **937** verwizze *Konj. Prät. von* verwîzen *stV. 'verweisen, als Vergehen anrechnen'*.   **939** verklagen *'verschmerzen'*.   **944** *'obgleich es doch niemand zugibt'*.

945 Uns dienet niht gelîcher muot.
daz mir den meisten schaden tuot
daz ist daz mir nieman wil
gelouben lützel noch vil.
waz frumet *mir* vil schœner sin,
950 sît ich der werlte allez bin
der wolf an dem spelle?
doch hân ich mich vil snelle
eines muotes bewegen
des ich mir wil v*ür* sorgen phlegen,
955 daz ich mir aber selbe geloube.
ein man der sich von roube
aller tägelic*h* begât
unde sinnes niht *en*hât,
der hât bezzer reht dan ich.
960 lîp, der schulde zîhe ich dich,
wan ich ân dich niht *geenden* kan
des ich willen ie gewan.
ez *en*stê noch an der helfe dîn,
sô müezen wir verteilet sîn
965 êren unde guotes.
wil aber dû dich rehtes muotes
noch ze mir gesellen,

---

949 mir *Zutt Wolff] fehlt A.* vil *tilgt Zutt.*   **950** aller.   **954** vor.   **957** tägelîch *Hgg. (vgl. Armer Heinrich 669),* täglichen *A.*   **958** hat.   **961** gedencken.
963 steen.

---

949 schœner sin *vgl. zu 558.*   **950** allez *adv. Akk. 'die ganze Zeit'.*   **951** *Sprichwörtlich nach* lupus in fabula, *der Wolf im Märchen, dem man nichts glaubt, vgl. die Fabel vom 'Wolf an der Wiege', abgedr. von J. Grimm, Reinhart Fuchs, 1834, S. 351–54; vgl. TPMA 13, S. 172.*   **953** *'einen Entschluss gefasst'.*   **954** phlëgen *stV. mit Gen. und Präp.* vür *'sich etw. zugute halten gegen etw.'.*   **957** sich begân *mit Präp.* von, *hier 'sich ernähren von etw.'.*   **959** bezzer rëht hân *'für glaubwürdiger gehalten werden' (Schönbach 252f.).*   **961** geenden *hier 'verwirklichen', vgl. 914 und 968.*   **963** *'wenn es nicht doch auf deine Hilfe ankommen würde', vgl. zu 664.*   **964** verteilen *mit Akk. d. Pers. u. Gen. d. Sache 'jmdm. den Anteil an etw. absprechen'.*   **966** rehtes muotes *adverbialer Gen. 'mit rechtem Ernst'.*

wir enden swaz wir wellen.
ich ensage dir niht mêre,
970 wan du merke mîne lêre;
des gewinnest dû noch ruon.
sage mir, lîp, ob dû ez wellest tuon.‹
   Herze, ich enweiz waz ich dir sage,
wan daz ich ez gote klage
975 daz dû mich gar unversolt
sus missehandeln solt
als ich ein wunder habe getân;
ez wære under *friunden* guot verlân.
ouch zæme ez einem meister wol,
980 swâ er ieman *lêren* sol
tugent oder êre,
daz er im die lêre
mit zühten vor trüege;
daz wære iedoch gefüege.
985 nû strâfest dû mich als dînen kneht.
ez was ie under friunden reht
daz sî scheltwort vermiten
unde mit vil guoten siten
zuo ein ander giengen
990 und sich bî handen viengen;
swaz einem an dem andern war,
daz sagete er im vil gar

---

969 ensage *Bech Wolff*] sage *A Hgg.*   **970** du tilgen *Haupt Zutt.*   **971** rŭmb.
972 *A Zutt*] lîp sage mir *Bech Wolff.* lîp (leib *A*) tilgen *Haupt Tax.*   **975**
vnuerschult.   **976** sus (sŭnst *A*)] alsus *Zutt Wolff*, sô sêre *Tax.*   **978** freŭden.
979 gezăme *A Haupt Tax, vgl. 1000.*   **980** lernnen.   **982** in.   **986** vnndern.
991 wăr.

---

968 enden *hier 'verwirklichen', vgl. zu 961.*   **971** ruon = ruom, *zu* -n *für* -m
bei alem. Dichtern vgl. K. Zwierzina, Bibl. Nr. 38, 1901, S. 72 Anm. 1.
973–1125 *Zweite Rede des Körpers.*   **975** unversolt *'unverdient'*.   **977** ein
wunder *'etwas Unerhörtes'*.   **978** under friunden *'unter Verwandten'*.
983 mit zühten *'höflich'*.   **984** *'das wäre doch immerhin angemessen'*.
985 *Vgl. Iwein 171.*   **987** scheltwort *hier 'Beleidigungen'*.   **991** war *3. Sg.
Ind. Prät. von* wirren *stV. hier 'Verdruss bereiten'*.

	und bat in ez *m*îden.
	daz möht ein friunt erlîden,
995	unde was *er* danne ein man
	der ie guoten sin gewan,
	sô meinete er ez ie alsô
	und verstüende sich der triuwen *dô*
	daz erz im riet*e* âne haz.
1000	daz selbe zæme ouch dir baz
	danne dröun und schelten.
	wes lâstû mich engelten?
	Ich muoz dich râtes frâgen;
	wilt dû dar umbe bâgen,
1005	der site *en*ist dir niht guot,
	wan so *en*darftû niemer wol gemuot
	werden ze einer stunt.
	diu rede ist dir wol kunt
	daz *ez* dem lîbe alsô stât
1010	daz er helfe unde rât
	von dem herzen nemen sol.
	dâ von sô zæme uns beiden wol
	daz wir lebeten âne strît
	mit ein ander alle zît.
1015	wa*n d*în unbescheiden zorn
	der ist ouch *zewâre* verlorn:
	wan swer dar zuo nû kæme

24vb

---

993 es zemeiden.   **995** er *fehlt A.*   **997** meinete *Tax,* meinet *Hgg. mit* maynet *A.*   **998** dô] ſo *Haupt im App., gebessert aus* bo *A.*   **999** er es. riete *Zutt Wolff*] riet *A.*   **1005** ist.   **1006** darfstu.   **1007** zu einer st. *A,* zuo deheiner st. *Zutt Wolff (Bech).*   **1008** vil wol *Wolff.*   **1009** daz daz es.   **1015** Wann du dein.   **1016** zu vor.   **1017** dann.

---

994 erlîden *'verkraften'.*   **998** sich verstân *mit Gen. 'sich auf etw. verstehen'.*   **1004** bâgen *swV. 'zanken'.*   **1006/7** niemer ... ze einer stunt *'nie wieder einmal'.*   **1010** helfe unde rât = auxilium et consilium *'Tat und Rat', lehnsrechtliche Formel für 'Beistand' (gegenüber dem Lehnsherrn).*   **1015** wan *exzipierend-einschränkend mit Ellipse des Verbs 'wenn nicht ... wäre', vgl. zu 664 und BMZ III,485a,10ff.*   unbescheiden *hier 'haltlos'.*

   daz er daz vernæme,
   ez wære *niuwan* sîn spot.
1020 von *diu* lâzen wir *ez* durch got
   und gedenken dar an
   daz wir beide sîn ein man.
   nû *zwiu* solde ich âne dich
   oder waz möhtest dû âne mich?
1025 Ist daz dûz *vürder*mâle lâst,
   swaz dû mich missehandelt hâst
   daz wil ich varn lâzen.
   ouch maht dû *michs* gerne erlâzen;
   bist dû mir guot, sam bin ich dir,
1030 wan âne ein ander mugen wir
   deheine wîle genesen.
   wir müezen iemer sament wesen,
   wir *en*mugen uns niht gescheiden.
   got der hât uns beiden
1035 eine sêle gegeben
   – anders möhte wir niht geleben –,
   die nimet er uns swanne er wil;
   des *en*hân wir dehein gewissez zil.
   ouch hât er uns si bevolhen sô
1040 mit einer forhtesamer drô:
   er versaget ir sînen segen,
   ez *en*sî daz wir ir rehte phlegen,

1019 nun. 1020 dem. ez *fehlt A.* 1023 zwey. 1025 Is. das du vormalen. 1027 allez varn l. *Tax.* 1028 dich sein gerner erlassen *A,* michs (dich sîn *Bech*) gerne erlâzen *Wolff Bech (Paul 206f.),* mich sîn gerne erlân (lân :) *Tax,* dichs gemâzen *Haupt Zutt.* 1033 wir *A*] und *Zutt Wolff.* mügen. 1036 möht wir *Haupt Bech Zutt.* 1038 haben. kein *alle Hgg.* mit kain *A.* 1039 er uns sy *A,* ers uns *alle Hgg.* 1042 sey.

1023 zwiu *'wozu'.* soln *mit Ersparung des Inf., hier* sîn *oder* leben, *vgl. Iwein 1466ff. und Mhd. Gr. § S 232.2.* 1025 ist daz *'wenn', als Einleitung eines Konditionalsatzes, vgl. BMZ I,128b,1ff.* vürdermâle *'künftig'.* 1027 varn lâzen *'verzeihen'.* 1028 erlâzen *vgl. zu 16.*

sô ist ir lôn *ge*reite
nâch unserm geleite;
1045 ist daz wir ir alsô walten
daz wir sîn gebo*t be*halten,
sô gît er uns ze lône
die liehten himelkrône.
verspreche wir daz mit frîer wal,
1050 sô antwurt er uns in die zal
der helle ze kinde,
dem tiuvel *ze i*ngesinde.
sô sî*n u*nheiles geborn
und ouch iemer verlorn
1055 beide mit ein ander wir.
herze, dar nâch rât mir
wie dû wellest daz ich tuo,
und verleite mich niht dar zuo
dâ von wir verlorn sîn;
1060 wan *mî*n dinc ist daz dîn.
 Mîn wille niht *en*fliuhet
swaz ze *d*ienste geziuhet:
swaz ich getuon mac oder sol,
daz leiste ich gerne und tuot mir wol;
1065 swaz mir ze lîdenne geschiht,
ez vervâhe wol oder niht,
ich versuoche ez iemer die wîle ich lebe.
got sî der uns gelücke gebe.

1043 gereite *Zutt Wolff**] berait *A*, bereite *Hgg., vgl. 193.* **1046** gepot also halten. **1051** der hellschen kinde *alle Hgg.* **1052** zu ainem yngesinde *A Tax*, zingesinde *Hgg.* **1053** sein wir vnheyles. **1060** mîn] die *A.* **1061** nicht fleühet *A*, niene fliuhet *Hgg.* **1062** zuo dem d. *Hgg. mit A.* **1066** vervahe uns *Zutt.* **1067** die weyl *A*, unz *alle Hgg.*

1044 nâch *hier 'gemäß'; 'es richtet sich der Lohn, den die Seele zu erwarten hat, danach, wie wir mit ihr umgehen' (Bech).* **1049** versprèchen *hier 'zurückweisen, ablehnen'*. mit vrîer wal *'nach Gutdünken'.* **1053** unheiles *'zum Unglück', modaler Gen., vgl. Mhd. Gr. § S 76.* **1062** geziehen *stV. mit Präp.* ze *'gehören, passen zu etw.', vgl. 1612.* **1066** vervâhen *hier 'gelingen'.*

45

  Ist daz ez mir aber sô ergât
1070 daz mich daz unheil bestât
  daz mir dâ niht *gelingen* sol,
  dannoch tuot mir daz vil wol
  daz ich dienesthaft belîbe
  *e*inem alsô schœnen wîbe;
1075 ich lebe ir gerne mîniu jâr.
  jâ trœstet mich baz, daz ist wâr,
  ein vil ungewisser wân
  den ich zuo ir minne hân
  danne ein alsô swachez heil
1080 des ich ze mâze würde geil.
  ouch gewinne ich mê dar an,
  swaz ich mac oder kan,   24^vc
  daz ich mich durch sî vlîzen sol
  ze tuonne rehte *unde* wol
1085 und valsches durch sî *â*ne bin.
  vil gerne ich allen mînen sin
  wende ze guote
  und *hân alle wege* huote
  daz ich iemer missetuo,
1090 mich *e*nverleite dan dar zuo
  daz ich niht bezzers künne.
  der mir dan heiles günne,
  der *refse* mich durch sîn êre,
  so *e*ntuon ich ez niemer mêre.
1095 der worte tuon ich mit werken schîn.

1069 mirz *Wolff.* 1071 daz] und *Zutt.* gesigen. 1074 einem] an einem *A.*
1078 dann. 1079 wann also ein. 1084 unde *Zutt* Wolff*] oder *A.* 1085
âne *Zutt* Wolff*] abe *A.* 1088 hân *Wolff (Indik.)*] habe *A.* albegen. in
huote *Wolff.* 1090 verlaite. 1093 räffe. 1094 tůn. 1095 ich tuon
Haupt *Wolff* Tax.

1069 *Zum Satztyp vgl. zu 1025.* 1080 ze mâze *hier 'wenig'.* 1084 *Vgl.*
1372. 1089 iemer = niemer, *vgl. zu 308.* 1090 *Exzeptivsatz, vgl. zu 664.*
1093 refsen *'strafen, tadeln'.* 1095 schîn tuon *mit Gen. 'etw. zeigen,*
beweisen'.

dâ mite sol *ir* gedienet sîn;
und swaz ich guotes mac begân,
daz ist *ir* benamen getân.
emphâhe ich des niemer lôn von ir,
1100 dannoch frümet *ez* mir
daz mir ez diu werlt ze guote verstât
und mich deste lieber hât.
 Ouch ist mir daz ein swacher trôst,
wan ich bin leides unerlôst.
1105 ob sî mich ein*e* lâzen wil,
so *en*ahte ich ûf die werlt niht vil,
swederz sî der zweier tuot,
sî spreche mir übel oder guot;
wan sô stât mîn gemüete
1110 daz aller wîbe güete
ze freuden *mich* niht vervienge,
ob mir an ir missegienge.
ich hân mich, herze, des *begeben*,
ich *en*wil deheiner freude leben
1115 durch wân ûf *a*nder minne.
swelch lôn ich des gewinne,
ich wil ir iemer sîn bereit.
swaz ieman ie durch wîp erleit,
des *en*hân ich dehein werwort;

1096 dir.   1098 ir] mir *A*, von mir *Haupt Zutt.*   1099 ichs *Hgg. außer Tax.*
1100 er.   1101 mir es.   1102 gerner *Zutt.*   1105 eine *Wolff*] einen *A*.
1106 acht.   1111 mich *Haupt/Martin Bech Wolff* (Lachmann)] fehlt A*.
1113/4 begeben: leben] bewegen: leben *A*, bewegen: phlegen *Bech Tax.*
1114 wil.   1115 ûf ander] auf ein annder *A*.   1119 han.

1098 benamen *Adv. 'gewiss, bestimmt', ein Lieblingswort Hartmanns.*
1103 ouch *hier 'andererseits'.*   1105 eine *hier 'allein', vgl. Iwein-Wb., S. 52f.*
unter eine.   1107 swederz *'welches von beiden auch'.*   1113 sich begëben
mit Gen. 'etw. aufgeben'.   1114 leben *mit kausalem Gen. 'wegen keiner
andern Freude leben', d.h. 'wegen nichts sonst mich freuen'; zum Gen. vgl.
Mhd. Gr. § S 76.*   1119 *'dafür habe ich keine Entschuldigung', d. h. das
weise ich nicht von mir.*

1120 âne zouber und âne mort
und daz *a*n die triuwe gât
so verw*i*rfe *ich* deheinen rât,
ich enleiste in durch ir êre.
des *en*vindestû niemer mêre
1125 an mir deheinen argen wanc.
›Lîp, der rede habe dû danc.
ez *en*ist dehein wunder daz ein man
der niht bezzers kan
eine wîle missetuot.
1130 hât er ze *bezzerunge* muot,
und ob er ez schämelîchen lât
swâ er sich selben verstât,
und niht dankes missevert,
und lâzet daz man *im* wert,
1135 und sîn selbes ruochet
sô daz er rât suochet,
unde *in des* wol gezimet
daz er in ze *rehte* an sich nimet,
des mac wol werden guot rât.
1140 swes muot aber alsô stât
daz im rât versmâhet,
*u*nd er der werke gâhet
vil unbescheidenlîchen,

1121 daz an] daz im an *A*.   1122 verwerffe. ich *fehlt A*.   1124 vindest du.
1126 Leyb *mit einer etwas größeren Majuskel am Zeilenanfang, keine farbige
Initiale A; kein Abschnitt Zutt.*   1127 ist kein *alle Hgg.* mit ist kain *A*.
1130 bekerunge.   1132 sich selben v. (*vgl. Boner, Schlussged. 26*)] sich selbs
v. *A*, sichs selbe v. *Wolff*, des selben v. *Paul 207 Tax*.   1134 in.   1137 im das.
1138 ern ze rehte *Wolff*, er in rehte *Zutt*, er in ze rate *A*, er im ze râte *Bech Tax*,
er nütze ræte *Lachmann*.

1121 daz an die tr. gât 'Verrat'.   1123 *Relative Ergänzung zu* rât, 'den ich
nicht um ihrer Ehre willen befolge'; zur Konstruktion vgl. zu 800.*   1126–67
Zweite Rede des Herzens.*   1130–39 *Priamel, Schönbach 170*.   1132 sich
selben verstân *'sich selbst erkennen'*.   1133 dankes *'mit Absicht', modaler
Gen. vgl. Mhd. Gr. § S 76*.   1142 gâhen *swV. mit Gen. 'zu etw. eilen'*.

den muoz sîn sin beswîchen.
1145 mir enhaben mîn wîsære gelogen,
er ist des sinnes betrogen,
und sîn leben ist der werlte spot.
lîp, dâ von lobe ich got
des ich von dir vernomen hân.
1150 des hâst dû mich in bœsen wân
vil gar eine wîle brâht.
nû hâst dû dich baz bedâht
daz dir sô misselunge.
vil guote wandelunge
1155 hân ich nû von dir vernomen.
daz sol dir noch ze heile komen.
  Verwirf mînen rât niht
und wizze daz dir wol geschiht.
und ist daz dû ez wâr lâst
1160 als dû mir geheizen hâst,
sô sî der schade verkorn
âne aller slahte zorn
den dû uns als manigen tac
schüefe, dô unser phlac
1165 liep âne swære   25ʳᵃ
als unser reht wære.
des wante uns, lîp, dîn lazheit.‹

1144 den *Haupt¹ Wolff*] dem *Hgg. mit A.* beswîchen *Haupt¹ Wolff* mit A*] geswîchen *Hgg.*   **1145** haben dann mein *A.* die wîsen *Haupt Zutt.*   **1147** und *tilgen Hgg. außer Tax.* ist *tilgt Tax.*   **1150** pŏsem.   **1159** ez *Bech Wolff**] fehlt *A.*   **1160** verhayssen.   **1163** dû uns tæte *Wolff und Punkt am Versende.*   **1164** schüefe dô *Lachmann Bech*] schone du *A*, schône ê doch *Wolff*, schein do *Zutt*, bescheindest dô *Tax.*   **1165** Leyb.   **1167** des wante] daz wante *Hgg.*, des wirret *Tax*, des wenndet *A.* lassigkait.

1144 beswîchen *stV. mit Akk.* 'betrügen' (Wolff).   **1145** wîsære *stM.* 'Ratgeber'.   **1149** des 'für das, was', *Gen. abhängig von* loben, *Pron. in Doppelfunktion und Attraktion vgl. zu 47 und 118.*   **1150** des *adverbialer Gen. hier* 'damit'.   **1153** misselunge *Konj. Prät. des stV.* misselingen.   **1161** verkiesen *stV. mit Akk.* 'etw. ignorieren'.   **1167** *Zu* wenden *vgl. 643.* lazheit 'Trägheit'.

49

herze, daz ist mir iemer leit,
unde büeze ez swâ ich sol.
1170 ›lîp, nu gevellet mir dîn rede wol.‹
entriuwen unde tuot sî sô?
›jâ sî zewâre alsô.‹
   Nû leiste ich gerne swaz dû wil.
›sô füege ich dir liebes vil.‹
1175 herze, waz gap dir den gewalt?
›lîp, dîn üppic frâge tuot mich alt.‹
nu *en*zürne niht und wis mir guot.
›waz ist daz dir unsanfte tuot?‹
dû maht wol selbe wizzen waz.
1180 ›würde ich*s* gemant, ich *weste* ez baz.‹
mir *en*wart nie helfe nôt wan nû.
›sage, lîp, waz meinest dû?‹
mîn leben daz ist kumberlich.
›bistû siech?‹ nein ich.
1185 ›kunde ich, lîp, ich hulfe dir.‹
dû solt âne *dige* helfen mir.
›waz *wirret* dir? *des* bewîse mich.‹
dû weist ez alsô wol als ich.
›ich wæn dû fürhtest den tôt.‹
1190 niht, ez ist ein ander nôt.
›ist ez umb die sêle oder umb den lîp?‹
umbe beidiu. ›daz vertrîp.‹

1170 lîp (leib *A*)] *tilgen Haupt Bech Wolff*.   **1176** lîp *Tax mit* Leib *A*] *tilgen Hgg*.   **1177** zürn.   **1180** ich sein.   weste *Wolff**] ways *A*, wesse *Hgg*.   **1181** ward.   **1186** âne dige] on dich *A*, ân dingen *Wolff mit Hinweis auf Gregorius 3288*, ân Kundich *Haupt Bech Zutt*, ân tîchen *Tax**.   **1187** gewirret.   des bewîse *Tax**] das beweyse *A*, des wîse *Hgg*.   **1188** waists als.   **1190** *Nach* not: des ist mir not an allen spot *A*.

1168–1268 *Rascher Wechsel von Rede und Gegenrede (Stichomythie).*   **1169** *Ersparung des Subjektspron. im mit und angeschlossenen Satz, vgl. zu 129.*   **1172** jâ sî = jâ sî gevellet, *vgl. Mhd. Gr. §S 116*.   **1184** nein ich, *vgl. zu 1172*.   **1186** âne dige *hier 'ohne flehentliches Bitten' oder* ân dingen *hier 'ohne langes Unterhandeln, ohne Wenn und Aber'*.

daz lêre mich. ›hât ez iht namen?‹
herze, dû maht dich wol schamen
1195 des spottes des dû an mir begâst.
›wie kumet daz dû ez niht wizzen lâst?‹
Mir ist wê, und bin gesunt.
›wie dem sî daz ist mir unkunt.‹
herze, wie wol dû *ez* weist.
1200 ›rehte niht ê dû mir ez geseist.‹
herze, hâst dû iht swære?
›jâ ich, der ich wol enbære.‹
wâ von ist dir diu bekomen?
›daz hâst dû dicke wol vernomen.‹
1205 und hâst dû niht wan eine nôt?
›wære ir iht mê, daz wære mîn tôt.‹
wâ von mac doch diu selbe sîn?
›*dâ* twinget mich diu frouwe mîn.‹
so geloube mir, *mich* deste baz.
1210 ›lîp, ist ouch dir daz?‹
nû wâ von wære mir anders wê?
›sô schaf selbe daz ez ergê.‹
wâ mite? ›daz sagete ich dir *ie*.‹
so *en*weiz ich noch leider wie.
1215 ›dâ *h*œret arbeit zuo.‹
nû waz gebiutest*û* mir daz ich tuo?
›dâ diene ir vil schône.‹
wie lange? ›unz sî dir *l*ône.‹

1199 ez *Hgg.*] vil *A Tax, fehlt Bech.* **1200** rehte niht *Wolff mit A*, niht *Haupt*, nein ich *Hgg.* mirz seist *Wolff.* **1208** jâ *Tax mit A.* **1209** mich *Lachmann Hgg.*] *fehlt A Paul 207 Tax.* **1213** Ee. **1214** wayſs. **1215** hœret *(vgl. 613)*] gehŏret *A.* **1216** gebiutestû *Zutt Wolff*] gebiutst *Haupt² Bech Tax mit* gepeŭtest *A.* mir] et *Lachmann/Haupt², tilgen Zutt Wolff*.* **1218** gelone.

1195 des *Attraktion des Rel.-Pron., vgl. zu 47.* **1197** *Ersparung des Subjektspron. im mit und angeschlossenen Satz, vgl. zu 129.* **1202** *Vgl. zu 1172.* **1210** ist ouch dir daz? *'geht dir das auch so?'* **1212** daz ez ergê *'dass es zum Ziel kommt, dass etw. daraus wird'.*

swaz ich tuon, daz ist dîn sælekeit.
1220 ir ist vil lîhte mîn dienest leit.
›Dar ûz solt dû ez bringen.‹
sage mir, mit welhen dingen?
›dâ mite ob dû in rehte tuost.‹
daz ist des dû mich bewîsen muost.
1225 ›dâ wis biderbe unde guot.‹
wan ob si *es dehein* war tuot?
›so *en*wære sî niht ein guot wîp.‹
si ist guot, wære ich ein sælic lîp.
›dû solt dich sælic machen.‹
1230 ich enweiz mit welhen sachen.
›dû muost mit sinnen koufen heil.‹
des sinnes hân ich swachez teil.
›des muoz dir sælde wesen gast.‹
ir gnâde mir noch ie gebrast.
1235 ›dû *en*hâst ir niht gedienet baz.‹
wâ mite verschulde ich ouch ir haz?
›lîp, daz schînet dir wol an.‹
herze, ez gelinget als bœsem man.
›lîp, dû gevellest dir selbe wol.‹
1240 niht *baz dan* ich ze rehte sol.
›des éinen hânt ez die tôren guot.‹
wes? ›dâ dunkent sî sich selbe fruot.‹
herze, daz meinest dû an mich.

25ʳᵇ

1221 dar zuo *Bech.* ez *Bech Wolff mit A*] sî *Hgg.*   **1223** in ze rehte.   **1224** bewîsen *Tax* mit* beweysen *A*] wîsen *Hgg.*   **1226** wan ob si es dehein w. t.] waz ob sis dehein w. t. *alle Hgg.*, wann ob sy dein kain war tût *A*.   **1227** wăr.   **1235/6** *umgestellt Haupt Wolff.*   **1235** hast.   **1240** baz dan *Hgg.*] dann was *A*, me danne *Zutt*, wan als *Haupt*.   **1241** habent es *A*, habentz *Hgg.*

1223 in *bezogen auf* dienest *1220*.   **1226** wan ob 'aber wenn'.   **1228** ein sælec lîp 'einer, der Glück hat'.   **1231** koufen *hier* 'erwerben, verdienen'. **1233** 'deshalb muss dir Glück fremd bleiben'; gast *adjektiviertes Subst., vgl. Mhd. Gr. § S 106.*   **1234** noch ie 'bis jetzt noch immer'. gebrësten *stV. hier unpers. mit Dat. d. Pers. u. Gen. d. Sache* 'jmdm. fehlt es an etw.'.   **1238** als bœsem man 'wie einem schlechten Menschen'.   **1242** fruot 'klug'.

›entriuwen, lîp, jâ ich.‹
1245 wâ mite verschulde ich daz ze dir?
›daz weiz ich wol.‹ nû sage ez mir.
›Mit unbescheidem muote.‹
den wandel ich gerne ze guote.
›daz ist daz dich noch helfen sol.‹
1250 kunde ich ez, ich tæte ez wol.
›dâ volge den die wîser sint.‹
nû lêre mich, ich bin dîn kint.
›und ich dîn gewisser râtgebe.‹
sô volge ich dir als gerne ich lebe.
1255 ›Sô solt dû *liebes dich* versehen.‹
daz müeze uns beiden noch geschehen.
›dîn wünschen hilfet dich niht ein hâr.‹
herze, daz ist vil wâr.
›wünschen was unmanlich ie.‹
1260 nû wil ouch ich ez versprechen hie.
›ist dir nâch ir minne nôt?‹
jâ *en*minnet sî mich niht, ez ist mîn tôt.
›sô lâ dînen ernest wesen schîn.‹
swie dû gebiutest, herze mîn.
1265 ›swie *tump* ich nû selbe bin,
ich wil *dir râten gæben sin.*‹
herze, den vernim ich gerne
ze *diu* daz ich in lerne.

1247 *Kein Abschnitt Haupt Bech Wolff.* **1248** wande *Bech.* **1255** *Kein Abschnitt Haupt Bech Wolff.* dich liebes. **1256** da mŭs. **1262** mynnet. **1263** wesen *tilgt Bech.* **1265/6** swie ich nû sîn selbe enbir / ich wil rât geben dir *Bech.* **1265** tump *Hgg.*] unwise *Zutt, fehlt* A. **1266** dir râten gæben sin *Wolff Tax*] dir râten guoten sin *Lachmann Zutt,* dein Ratgebe sein A. **1267** herze *Zutt mit* A, tilgen *Hgg.* **1268** dem.

1244 jâ ich *vgl. zu 1172.* **1249** hëlfen *mit Akk. d. Pers. 'jmdn. unterstützen, fördern'.* **1257** niht ein hâr *'überhaupt nichts', zur Verstärkung der Negation vgl. Mhd. Gr. § S 163.* **1259** wünschen *d. h. wünschen ohne eigene Taten.* **1260** versprëchen *hier 'verschmähen, ablehnen'.* **1268** ze diu daz *'damit'.*

    ›Lîp, nû solt dû volgen mir:
1270 daz ist nieman als guot als dir.
    ich hôrte dich zouber versprechen:
    daz *gelübede* muost dû brechen.
    wil dû iemer gewinnen heil
    oder liebes deheinen teil,
1275 sô lerne einen zouberlist
    der benamen guot ist.
    maht dû daz gewinnen wol
    daz man dar zuo haben sol,
    sô muoz dir gelingen;
1280 ich brâhte in von Kärlingen.
    Nû sich daz dû ez verdagest;
    doch enruoche ich wem dû ez sagest.
    ez ist dar umbe sô getân,
    swer in ze rehte sol begân
1285 der muoz haben driu *krût*,
    diu tuont *in* lie*p* unde *trût*.
    der *en*darft dû aber niht warten
    in deheines mannes garten,
    ouch *en*vindet sî nieman veile.
1290 ez *en*stê an sînem heile
    daz er sî *gewinne*
    von dem mit schœnem sinne
    der sî in sînem gewalte *h*ât,
    so *en*hilfet in dehein rât,

1271 hôrt *alle Hgg. mit A.* ê *nach* zouber *eingefügt Hgg. außer Wolff.* **1272** glaubete. **1285** gerůch. **1286** im liebe vnd gůt. **1287** bedarfst. **1289** vindet. **1290** stee. **1291/2** *Hgg.*] daz Er sy von dem gewynne / mit schonem synne *A Haupt¹ Bech Tax.* **1293** gewalt nynndert hat. **1294** hilffet.

1269–1375 *Dritte Rede des Herzens: der Kräuterzauber.* **1271** *Vgl. 1120ff. und 1260.* **1276** benamen *vgl. zu 1098.* **1280** Kärlingen *Frankreich.* **1281** verdagen *'verschweigen'.* **1284** in *bezogen auf* zouberlist *1275.* begân *hier 'ausüben, sich vornehmen'.* **1285** krût *stN. hier 'Heilkraut, Heilpflanze'.* **1290** *'wenn er nicht das Glück hat', Exzeptivsatz, vgl. zu 664.*

1295 er *wæn* ir iemer *enbære.*
got der ist der *würzære,*
der phliget ir alters eine.
sîn kamer diu ist reine;
dar ûz gît er sî swem er wil.
1300 der hât ouch iemer heiles vil.
 Diu krût sint dir unerkant;
alsô sint sî genant:
milte, zuht, diemuot.
ez *en*ist dehein krûtzouber sô guot:
1305 swelich sæliger man
diu driu krût temp*ern* kan
dar nâch als in gesetzet ist,
daz ist der rehte zouberlist.
ouch *h*œrent ander würze dar zuo
1310 ê daz man im rehte tuo:
triuwe unde stæte;
swer *die* dar zuo niht hæte,   25ʳᶜ
sô müese der list belîben.
ouch muost dû dar zuo trîben
1315 beide kiuscheit unde schame;
dannoch ist ein krûtes name
gewislîchiu manheit;
sô ist daz zouber gar bereit.

1295/6 erne wese in immer v e r r e. / got der ist der würze h e r r e *Bech.*   1295 Er wär Ir ymmer mere.   1296 wirsere.   1304 ist. kein *alle Hgg. mit* kain *A.* krûtzouber] kraut zauber *A;* krût- *tilgen Wolff Tax mit Schröder 247.*   1306 temprieren *Tax mit A.*   1309 gehorent.   1312 die *Hgg.*] ir *Bech, fehlt A.* 1314 rîben *Haupt.*   1318 daz] der *Wolff.*

1295 wæn = wæn ich, *vgl. zu 472.*   1296 würzære *'der für die Heilpflanzen zuständige Gärtner'.*   1297 alters eine *vgl. zu 380.*   1298 kamer *'Apotheke'.*   1306 tempern *'mischen'.*   1307 *'wie es für sie vorgeschrieben ist'.* 1308 zouberlist *stM. 'Zauberkunst'.*   1309 wurz *stF. hier 'Heilkraut', synonym mit* krût.   1312 swer *hier 'wenn jemand', vgl. BMZ III,569b,26ff.* 1314 dar zuo trîben *'dazurühren'.* rîben *Haupt.*   1316 ein krûtes name = ein krût, *zu diesem Gebrauch von* name *vgl. BMZ II,1,306a,43ff., bes. 307a,20ff.*

   und swem alsô gelinget
1320 daz er sî zesamen bringet,
   der sol sî schütten in ein vaz,
   daz ist ein herze âne haz.
   dâ sol er sî inne tragen,
   sô wil ich dir daz zewâre sagen
1325 daz im diu sælde ist bereit
   unz er sî bî im treit.
    Hetest dû der krûte gewalt
   diu ich dir, lîp, hân vor gezalt,
   nû sich, des vazzes lîhe ich dir,
1330 wan daz erkenne ich an *mir*.
   nu gebristet *dir* ir sêre.
   sô aber dû ir ie mêre
   mügest gewinnen, lîp, daz tuo,
   wan dâ râte ich dir zuo,
1335 und enblandez dîne*m* lîbe;
   wan sol *eht* dir von wîbe
   iemer rehte wol ergân,
   sô muost dû diz zouber hân.
   ouch ist ez eines dinges guot,
1340 daz man ez âne laster tuot
   und âne grôze sünde.
   wol in der ir hât künde!

1329 des vazzes *Bech Tax mit A*] daz vaz *Hgg.*   **1330** dir.   **1331** dir ir *Hgg.*] ir dir *Tax*, ir ir *A*.   **1335** enplendest deinen leib.   **1336** eht *Wolff Bech*] ez *Tax mit* es *A, getilgt Haupt Zutt.*   **1338** disen *Wolff.*   **1340** ez] in *Wolff.*

1321/2 Vgl. Bech zu *1280* mit dem Hinweis auf Walther von Griven, 'Weiberzauber', V. 19/20 abgedr. bei Bein, Bibl. Nr. 68, S. 46, die drei Kräuter dymut, weiplich güte, senftes gemüte *soll man* zu samen lesen ...
   Und tun die in ein reines vaz
   Ich meine in ein hertz on hass.
Vgl. Klingner/Lieb, Bibl. Nr. 15, B 391.   **1329** lîhen *stV. hier mit Gen. 'etw. zur Verfügung stellen'*.   **1330** 'denn das Gefäß stelle ich dar'.   **1331** ir *bezogen auf* krûte *1327*.   **1335** enblanden *stV. vgl. zu 545*.   **1339** eines dinges *adverbialer Gen. 'in éiner Hinsicht'*.   **1342** ir *bezogen auf* krûte *1327*.

daz ist *zer* werlte ein sælekeit
und ist gote niht ze leit,
1345 ez ist bêdenthalp ein gewin,
got und diu werlt minnet in:
swer d*en* selb*en* zouber*list* kan,
der ist *zer* werlte ein sælic man.
    Ich râte dir den einen
1350 und anders deheinen;
wan daz wære misselungen,
würde ein wîp betwungen
mit zouberlîchen dingen.
du *en*darft niht ûz dingen,
1355 wan ich *en*wil anders niht.
swem liebe dâ von geschiht,
des freut er sich *un*rehte
wan daz ist bœsem knehte
gemeine mit rîchem herren
1360 und mac doch gewerren
dem manne an der sælekeit.
got gebe im iemer leit
der sîn von êrste began!
wan dâ *mite* hât manic man
1365 unde ouch vil manic wîp
verlorn sêle unde lîp.
durch daz suln wir in lâzen;
daz er sî verwâzen!

1343 zu der.   1347 den selben zouberlist *Zutt Tax*] dieselb zaubernus *A*, den selben zouber *Hgg*.   1348 zu der.   1350 kainen.   1354 da endarftû niht ûf dingen *Bech Wolff*.   darfst.   dich niht *Zutt*.   1355 wil.   sîn *vor* anders eingefügt *Zutt Wolff*.   1357 unrehte *Wackernagel Hgg*.] von rechte *A Haupt¹*.
1359 mit *Wolff* mit *A*] und *Hgg*.   1360 geweren.   1364 mite *fehlt A*.

1343 zer werlte *'bei den Menschen'*.   1344 niht ze leit *'sehr angenehm'*.
1349 den einen *bezogen auf* zouberlist.   1350 = *Iwein 1912*.   1353 zouberlîchiu dinc = zouber *'Liebeszauber'*.   1354 ûz dingen *'ausbedingen, vorbehalten', vgl. Schönbach 262*.   1358 bœse *hier* 'armselig'.   1360 gewërren *stV.* 'schaden, mangeln'.   1368 'dass er verflucht sei!' *Zu* daz *in Wunschsätzen vgl. Mhd. Gr. § S 182*.

und sül dir gelingen,
1370 daz erwirp mit rehten dingen.
ich enweiz waz ich dir sagen sol,
wan dû tuo rehte unde wol,
frume von dir guotiu mære;
ist dir diu lêre swære,
1375 sô *wizze* daz dû unsælic bist.‹
    Nein, herze, noch, *sî enist*;
wan sî *m*ich *b*ezzert sêre,
daz sî mir iemer mêre
muoz gevallen vil wol,
1380 daz ich sî gerne ervollen sol
alle wîle und ich mac,
und lebete gerne noch den tac
daz ich ein zouberære
nâch dîner lêre wære,
1385 *niuwan* ûf daz eine heil
daz *ich* ir gnâden einen teil
müeste gewinnen;
wan ich von mînen sinnen
âne zwîvel scheiden muoz,
1390 ez *en*wend*e ir* gnædiclîcher gruoz,
des mir noch gar von ir gebrast.
des muoz mir freude wese*n* gast.
doch *en*darf mich niht wundern mê 25ᵛᵃ
von welhen schulden daz ergê

1375 wizze *Hgg.*] weiz ich *Bech Tax*, wais ich wol *A*.   **1376** *Abschnitt Haupt Bech Wolff hier statt mit A bei 1377.*   Nein sî herze noch enist *Bech.*   sî enist *Hgg.*] nit ist *A*.   **1377 W**ann.   hat mich gepessert.   **1379** gevallen *A Hgg.*] behagen *Wolff**.   **1385** Nun.   **1386** ich *fehlt A*.   **1390** es wennde dann *A*.   **1392** ein gast.   **1393** bedarff.

1370 mit rehten dingen *im Gegensatz zu 1353.*   **1373** frumen *trans.* 'etw. bewirken', *hier* 'lass erfreuliche Neuigkeiten von dir hören'.   **1376** sî enist = sî enist mir swære, *zur Konstruktion vgl. zu 1172.*   **1381** alle wîle *adverbialer Akk.* 'alle Zeit' *mit relativem* und, *vgl. Mhd. Gr.* §S 163.   **1390** Exzeptivsatz, *vgl. zu 664.*   **1391** gebresten *vgl. zu 1234.*   **1392** gast 'fremd', *vgl. zu 1233.*

1395 daz sî mîn *swærez* leit
mit alsô ringem muote treit,
  Sît ir daz gemüete mîn
alsô verborgen muoz sîn
daz sî es *niht anders* wizzen mac
1400 wan als ich ir ez, sô man ie phlac,
mit worten bescheine
– so *enweiz sî* ob ich ez meine
mit rehten triuwen oder niht;
dâ von ir ze fürhten geschiht
1405 daz sî werde betrogen,
wan den wîben ist sô vil gelogen
daz sî ez wol fürhten muoz, –
und ich dar zuo ir gruoz
leider unverdienet hân,
1410 sô möht ichz âne klage lân,
sît dû mir selbe leit tuost
und doch mit mir genesen muost
unde mîne witze treist
und allen mînen willen weist.
1415 des lebe ich harte swâre;
dû geloubest mir*s undâre*
daz mir sô rehter ernest ist.
nu *en*kan ich dehein*en* bezzern list,
wan mit disen dingen
1420 wil ich dich*s* innen bringen:

1395 mein layd *A*, mîn swærez leit *Haupt*, mîn swærez herzeleit *Schröder 248 Hgg.*, daz mîn leit *Bech*.   **1399** Sy es annders nit *A Zutt*. sîz *Wolff*.   **1402** ways ich.   **1404** dauon *A Tax*, des *Hgg*.   **1410** ich es.   **1415** schwĕre.   **1416** mir sundere.   **1418** kan. deheinen *Wolff*] kain *A*, keinen *Hgg*.   **1420** dich sein.

1399 es (Gen.!) niht anders 'davon nichts sonst'.   **1400/1** Hinweis auf die Werbung *1645ff. (Schönbach 264)*.   **1408** und *Erweiterung des mit sît 1397 begonnenen Vordersatzes zum 1410 beginnenden Nachsatz*.   **1412** genësen *stV. hier 'leben'*.   **1413** treist = tragest.   **1416** undâre *Adv. 'schwerlich, nicht besonders', hier Negation 'gar nicht' (Litotes), vgl. Mhd. Gr. § S 143*.

>   ich hân die vinger ûf geleit
>   unde swer dirs einen eit.
>   »Ich bite mir got helfen sô
>   daz ich iemer werde frô
> 1425   oder gewinnen künne
>   deheine werltwünne
>   oder deheine êre,
>   niuwan daz ich mit sêre
>   müeze leiten mîn leben
> 1430   und dem ein unreht ende geben
>   und daz diu arme sêle mîn
>   êwiclîchen müeze sîn
>   in der tiefen helle
>   Jûdas geselle,
> 1435   dâ nieman freude haben mac,
>   unz an den jungesten tac,
>   und daz si dannoch niht ensî
>   vor des tiuvels banden frî, –
>   daz ich den ungetriuwen muot,

1422 dir sein ein.   **1424** nimmer mêre *Haupt,* nimmer *Zutt.*   **1425/6** gewinnen künne : werltwünne *Zutt* Wolff*] gewynne : welt wûnne *A,* gewinne (iemer gewinne *Bech Tax*) : werltminne *Haupt Bech Tax.*   **1427** kain.   **1428** nun.   **1430** dem ein vnrechtes e. g. *A,* dem (im *Zutt*) ein unreht e. g. *Hgg.,* dem unrehtez e. g. *Haupt Wolff**.   **1432** mûs.   **1434** Jûdas *Gen. wie Karlmeinet 532,20 und 533,45*] Zu des *A,* Jûdases *alle Hgg.*   **1437** niht ensî *Hgg.*] nicht sey *A,* niene si *Zutt.*

1421/2 ûf geleit *'auf' daz heiltuom, die Reliquie, bei der etwas feierlich beschworen wird; vgl. z. St. Schönbach 265 f. und die Schwurszene Iwein 7923–35.*   **1423–42** *folgt der Eid, eingeleitet durch die Eidesformel* **1423** *'ich rufe Gott zu Zeugen an – und falls ich nicht die Wahrheit sage, will ich nimmer froh werden ... – dass ich jene Treulosigkeit, mit der sich viele Männer gegen Frauen versündigen, nie im Sinn gehabt habe' (nach Bech).*   **1423/4** = *Iwein 7933/34.*   **1424** iemer = niemer; *vgl. Mhd. Gr. § S 147.1 und zu 308.*   **1428** niuwan daz *'außer dass'*.   **1439–42** *Der daz-Satz abhängig von 1423* ich bite mir got helfen sô *im Sinne von* ich swere *oder einem zu ergänzenden* ez ist wâr *(nach Bech).*

1440 dâ mite an wîben missetuot
durch sînen valsch vil manic man,
wider sî noch nie gewan.«
　Ich het ie einen gedanc
sît daz mich ir gewalt betwanc,
1445 ob ez mir sô wol ergienge
daz sî mîn gnâde gevienge,
daz ich sô gar in ir gebote
wolde leben daz ich nâch gote
niht liebers enhæte.
1450 würde ich dar an unstæte,
da enverlüre nieman an wan ich.
zewâre, jâ enbin ich
iedoch mîn selbes vîent niht,
ob mir liep von ir geschiht,
1455 daz ich mir gerne enphremde guot:
daz wirdet doch vil wol behuot.
　Ouwê, waz hân ich getân!
jâ wæne ich mich vergâhet hân
daz ich sô nâhen sprechen sol.
1460 si engunde mirs danne wol,
wære ich ie selhes heiles wert
des doch mîn gemüete gert,
mîn rede wære ir von rehte zorn;
wan und hæte got verlorn

1440 damit man an.　**1449** hette.　**1450** vnrechte.　**1451** das verlure.　**1452** enbin ich *Bech*] bin ich *A Haupt*, bin et (eht *Wolff*) ich *Hgg*.　**1453** meines seres.　**1455** ein frombd gůt.　**1460** gunde.　**1462** begert.　**1464** hiete.

1446 gnâde vâhen *vgl. zu 86*.　**1451/2** *Der identische Reim* ich : ich *auch Iwein 7437f., gebraucht* »um des ausdrucks willen« *Lachmann zu Iwein 7338*, »mit bewuster stilabsicht« *Zwierzina, Bibl. Nr. 38, 1901, S. 296.*　**1458** sich vergâhen *'sich übereilen'*.　**1459** nâhen *Adv. hier 'deutlich, offen'*.　**1460** *Exzeptivsatz, vgl. zu 664.*　**1464** wan und *'denn wenn', vgl. Bech 466.*

1465 einen engel von sînen rîchen,
jâ möhte sî sich im gelîchen,
und mit ir nâch grôzen êren
sîn here wider mêren,
wan si zæme wol an engels stat.
1470 ouch hân ich in den muot gesat
daz ich vil lîhte werde wert
swes ein man von rehte gert.
ein gedanc sol mir wesen guot:
ich hân den willen und den muot,
1475 ob mir got des gunnen wil,
daz ichz noch bringe ûf daz zil
daz mir die liute beginnen jehen
mir sül von rehte wol geschehen.
und des ich noch niht wert enbin,
1480 ganze tugent und wîsen sin,
den vordert mir noch nieman zuo,
wan daz wære mir noch alze fruo;
si ensint von mînen jâren niht
den man der grôzen sinne giht.
1485 swie mir mîn dinc dar umbe ergê,
swie mîn sælde noch gestê,

25ᵛᵇ

1465/6 seinem reiche: sich im geleichen *A*, sînen rîchen: sî (sî sich *Wolff*) im gelîchen *Bech Wolff**, sînem rîche: sî im sîn gelîche *Hgg*.   **1469** gezæme. an engels st. *Wolff**] an eines engels st. *A Hgg*.   **1470** ich in] ich mich an *A*. **1471** daz ich von leichtem werde wert *A*, daz ich vil lîhte werde gewert *Tax**, dâ von ich lîhte wirde wert *Bech Wolff*, daz ich wætlich werde wert *Lachmann Zutt*.   **1472** begert.   **1473** ein gedanc (*Akk.-Obj. zu 1470*) der sol *Bech mit Komma nach* gert *1472*.   **1476** ich es.   **1478** sol.   **1479** bin.   **1482** alles zu. **1483** sein.   **1484** dem.   **1485** dinge.   **1486** swie] und *Zutt*.

1465–69 *Ein Engel aus den 10 Engelchören (rîchen); der durch Luzifers Höllensturz (vgl. 1431–38) frei gewordene zehnte Chor soll wieder aufgefüllt werden durch die zum Heil gelangten Menschen, vgl. Hartmanns Kreuzlied MF 211,4–7.*   **1466** *sich gelîchen mit Dat. d. Pers. 'sich jmdm. empfehlen'.* **1467** *Erspartes Subjektspron. zu ergänzen aus 1466* im (= Gott), *vgl. zu 129*. **1470** *ouch hier 'andererseits', vgl. 1103.*   **1476** *ûf daz zil 'dahin, so weit'.* **1483/4** *'die, denen man hohe Bildung beimisst, sind älter als ich' (Bech).*

so vergelte *im* got den süezen rât
der sô ganze volge hât
gewisses *lobes* von wîser diet,
1490 daz mir mîn sin an *sî* riet,
ze swelher nôt ez mir gestê.
wan sô ich in der werlte ie mê
guoter wîbe mac gespehen,
als *i*ch der ahte kan ersehen,
1495 sô kum*t eht* von ir güete daz
daz sî mir ie baz und baz
von schulden *wil* gevallen;
wan sô zieret sî ûz in allen
ir tugenthafter muot,
1500 als de*n* karfunkel tuot
sîn schîn, als ich hœre jehen;
selbe *en*hân ichs niht gesehen.
Mir sagent manige daz er
des vinstern nahtes lieht *ber*
1505 und daz er alters eine
lesche ander gesteine
swâ er bî in lît.
daz lop lâzen âne nît
alle frouwen die nû leben.
1510 ich wil *ir* des den prîs geben,

1487 im *(dem Sinne, 1190)* Hgg.] ir *A*, dir *Bech.*   **1489** lones.   **1490** dû mir sin mîn an sî riete (diete:) *Bech.*   sî] die *A.*   **1494** als vil ich.   **1495** kume er.   **1497** wol.   **1498** ziuht *Lachmann* Zutt.   **1499** ir vil *Wolff* Tax*, der ir *Zutt.*   **1500** dem.   **1501** ihehen.   **1502** han. ich sein.   **1504** wer.   **1507** swâ sô *Tax*.*   **1508** lan ir *Zutt.*   **1510** ir *fehlt A.*

1494 'sofern ich deren Art und Weise zu beurteilen weiß'.   **1497** von schulden 'mit Recht' wie 447.   **1500** tuot *d. h.* zieret *(1498); zu* tuon, *das ein vorhergehendes Verbum vertritt vgl. BMZ III,142a,16ff., Iwein-Wb., S. 236 unter* tuon *4.*   **1504** bërn *stV.* 'hervorbringen', lieht bërn 'leuchten'.   **1505** alters eine *vgl. zu 380.*   **1508** lâzen *mit Ellipse des Inf.* sîn, *vgl. BMZ I,948b,43ff.: 'das Lob lassen gelten …'.*   **1510** des 'deshalb', *adverbialer Gen., vgl. Mhd. Gr. § S 76.*

mich dunkets in mînem sinne als guot.
ich enweiz wie sî ander liute tuot;
sprichet aber ieman ›wie der tobet,
daz er sî über mâze lobet,‹
1515 der selbe ist âne rehten sin,
ob ich niht gar ein tôre bin.
sî wil mir wol gevallen;
ich enweiz wie in allen.
diuhte aber nieman alsô,
1520 entriuwen, des wære ich vil frô;
wan sô enahte nieman ûf sî,
alsô belibe sî mir frî.
die rede hân ich durch schimph getân
und wil ir gerne wandel hân;
1525 ich enweiz zwiu mir daz solde
daz nieman enwolde,
oder waz ich dâ suochte
des nieman geruochte.
durch daz sî tugende ist volkomen,
1530 als ich sihe und hân vernomen,
so enmac mir dehein nôt
âne den gemeinen tôt
den willen erleiden

1511 dunkets = dunket si *Wolff**, duncket *A*, endunket *Hgg.* in meinem sin *A*, kein sin *Lachmann*, deheine sîn *Zutt*, deheiniu *Tax**, niemen *Bech.* also. **1512** ways nit. wie sî] wiez = wie ez *Lachmann.* and⁵n|. **1513** sprichet *A Haupt Tax*] giht *Hgg.* diser. **1518** ways. **1519** diuhte] dauchte *A*, dæhte *Lachmann Zutt.* yemand. **1521** achtet. **1525** Wann ich wayss. **1526** wolte (solte :). **1529** tugenden. **1531** mag.

1511 als guot *'ebenso vortrefflich'* (wie der karfunkel). **1512** tuot *d. h.* dunket *(1511); vgl. zu 1500.* **1518** wie in allen *'wie sie ihnen allen gefällt'.* **1519** diuhte *Konj. Prät. von* dunken. **1523** durch schimph *'im Scherz'.* **1524** wandel hân *mit Gen.; 'ich will die* rede *gerne zurücknehmen'.* **1529** durch daz *'weil'.* **1532** *'außer dem natürlichen Tod'.* **1533** erleiden *hier 'verleiden'.*

noch mînen muot gescheiden
1535 hinnen für von ir.
›Lîp, der rede genâde ich dir.
ich hân nû êrste vernomen
daz wir wol zesamen komen
und daz uns gelîcher ernest ist.
1540 nu ensûme ez ouch ze deheiner frist
unde merke waz dû tuo.
grîf vil stæticlîchen zuo,
als der dâ beherten wil
durch miete ûz unz an daz zil,
1545 und kum niht gâhes an sî,
daz ir dîn gewerp bî
unstæticlîchen wone.
dâ erkennet sî dich vone
in stæticlîchem muote;
1550 des vergiltet dir diu guote.
Unrehtez gâhen sûmet dich.
lîp, dâ bî erkenne ich 25ᵛᶜ
die dâ niugerne sint.
die platzent gâhes als ein wint
1555 mit rîterschefte an einen man;

1534 nach meinem. 1535 hinfůr *A*, hinnen fürder *alle Hgg.* 1536 Abschnitt Haupt Bech Wolff. 1537 Ich *Initiale A.* 1540 sawme. 1544 der miet aus vns an d. z. *A*, dur miete ûz unz an d. z. *Wolff**, die miete ûz unz an d. z. *Lachmann*, dermite unz an d. z. *Bech*, den muot unz an (unz ûf *Tax*) d. z. *Zutt* Tax**. 1546 iht dîn gewerp *Bech*, dîn gewerp iht *Wolff*. 1547 unstætelîchen *Wolff**. 1553 nu gern. 1555 trautscheffte.

1535 hinnen für 'hinfort'. 1536–1644 Abschließender Dialog; das Herz 1536–92. 1539 Vgl. 1417. 1541 dû tuo *Imp.*, vgl. zu 737. 1542 stæticlîchen *Adv.* 'beständig'. 1543 beherten *intr.* 'sich mit Ausdauer behaupten'. 1544 'um des Lohnes willen hin bis an das Endziel'. 1545 gâhes *Adv.* 'überhastet'. 1546/7 Modal-konsekutiver daz-Satz im Konjunktiv: 'so dass dein Werben um sie herum unstet erscheinen könnte'. 1551 unrehtez gâhen 'ungebührliches Eilen'. 1554/55 mit rîterschefte an einen platzen 'mit Lärmen jmdn. angreifen'.

die selben wenkent ouch schiere dan.
des *jener* niht entuot
der stæte *ist* und wol gemuot.
vil schône der entsprenget,
1560 als im state verhenget,
mit vil *bliugen* siten,
und hât den gâhen schiere erriten.
der *habet dan* ûf und hât verlorn,
iedoch mit bluotigen sporn.
1565 Ich wil dir noch mêre sagen.
dû solt dar umbe niht verzagen,
ob sî dir ein wîle erban
daz dû *sîst* ir dienestman;
wan und wirbest dû ez mit sinnen,
1570 dû maht dar nâch gewinnen
bezzer heil, und ist sî guot.
wan ich sage dir der wîbe muot:
sî hân*t* benamen einen si*te*
dâ sî sich *dicke* mite
1575 âne nôt verliesent:
den sî ze gesellen kiesent
unde in ze liebe erwelent,
daz sî dâ mite entwelent

1556 dieselben *A* (*vgl. Iwein 4485*), die *alle Hgg.* **1557** einer. **1558** ist *fehlt A.* **1559** entsprenget *A Tax*] ersprenget *Hgg.* **1560** alss *Bech.* state ims *Wolff.* **1561** bliugen (*vgl. Hugo v. Trimberg, Renner 12639* in bliugen siten)] plŏden *A*, bliuclîchen *alle Hgg.* **1563** hebt den. **1565** Abschnitt Haupt Bech Wolff. **1567** Ob Initiale *A.* **1568** sŭnst. **1569** wan und *tilgt Zutt.* und *tilgen Haupt Wolff.* **1573** habent *alle Hgg.*, haben *A.* siten. **1574** dâ sî sich dicke (vil dicke *Wolff*) mite *Hgg.*] daz sy sich mitten *A.*

1556 dan wenken 'zurückweichen'. **1557** des *Gen. abhängig von* niht 'desgleichen nichts'. **1559** entsprengen 'losreiten'. **1561** 'mit großer Zurückhaltung' (Bech), bliuc *hier* 'zurückhaltend'. **1563** ûf haben *hier* 'innehalten', *d. h. dem Pferd die Zügel anziehen und still halten.* **1569** wan und 'denn wenn', *vgl. zu 1464.* **1571** und ist sî guot *Konditionalsatz mit Voranstellung von* und, *vgl. Mhd. Gr. § S 157 Anm. 1.* **1573** benamen *vgl. zu 1098.* **1577** in *Dat. Pl. refl.* 'sich'.

unz sichs diu werlt verstât,
1580 und ob ez niemer ergât,
daz man ez doch für wâr hât.
daz machet wîselôser rât.
der frume wirt niht mêre
wan der schade *an* êre.
1585 **W**elch wünne ein wîp dâ mite hât
daz sî ir friunt sô lange lât
an zwîvellîchen sorgen,
die sint mir gar verborgen.
ez ist ein unbeschei*den* site,
1590 ir friunt verderbent sî dâ mite
und sûment guote minne;
daz wirt *in* dar an ze gewinne.‹
Herze, ich hœre dich klagen
daz dû wol möhtest verdagen;
1595 dû wirst von *fremden* leiden alt.
daz dû mir hâst vor gezalt
von wîbes unbescheidenheit,
daz lieze ich den wesen leit
de*n* dâ schade von geschiht.
1600 leider die *en*sîn wir niht;
ez ist der sæligen ungemach.
wie lützel uns des noch ie geschach
dar umbe sich vil maniger senet!
du *en*bist sô harte niht verwenet,

1579 unz daz *Wolff.* sich *A.* **1584** wan] dan *Wolff.* an *Bech Wolff*] on *A*, âne *Hgg.* **1589** vnbeschaidner. **1592** in *fehlt A.* **1593** *Abschnitt Haupt Bech Wolff.* **1595** Du *Initiale A.* freünden. **1599** dem. **1600** sein. **1602** noch *tilgen Haupt Zutt.* **1604** bist.

1579 sich verstân *mit Gen.* 'etw. wahrnehmen, merken'. **1582** wîselôser rât *hier* 'hilflose Überlegung'. **1583/4** niht mêre wan der schade an êre '*nichts weiter als der Verlust der Ehre*' (ironisch). **1588** die *bezogen auf den Pl.* wünne *1285.* **1593–1612** *Entgegnung des Körpers.* **1601** 'es ist das Leiden der Glücklichen'. **1604** verwenet '*verwöhnt*'.

1605 dû *en*möhtest dir wol sanfte leben.
si *en*nem*ent* dich niht ze râtgeben,
jâ bist dû ze rihtære
in vil unmære.
dâ von *sô lâ* dû dîne klage
1610 unde wellest dû, sô sage
mir etewaz mêre
daz *geziehe* ze guoter lêre.
›Lîp, ich gibe dir hie an
die besten lêre die ich kan.
1615 wis stæte, daz ist der beste list,
und merke, swie herte *ist*
ein stein, ob er eteswâ lît
daz ein tropfe ze aller zît
emziclîchen dar ûf gât,
1620 swie kleine kraft ein tropfe hât,
er machet durch den stein ein loch.
lîp, daz *en*kumet doch
von des trophen krefte niht;
von der emzikeit ez geschiht
1625 daz er dicke vellet dar.
dâ bî solt dû nemen war,
und wellest dû*s* geniezen,
so *en*lâ dich*s* niht verdriezen,

1605 enmöhtest *Bech Tax*] möhtest *Hgg. mit* mŏchtest *A und Punkt nach 1604 Wolff.* **1606** Sy nennēt. **1607** da. **1609** sô lâ *Hgg.*] solt *A,* solt . . . / lân *Haupt.* **1611** mit. noch *nach* mir *eingefügt Zutt Wolff Tax.* **1612** gehiesse. **1616/7** ist / ein stein ob] ein stain ist / ob *A.* **1622** kumet. **1623** krafte. **1627** du sein. **1628** las dich sein.

1605 'dass du nicht ruhig leben könntest', *auf* sô harte *im übergeordneten Satz 1604 bezogene Erläuterung; zum Nebensatztyp vgl. BMZ II,1,326a,50ff.* dir 'für dich, zu deinem Vorteil'; *refl. Dat., vgl. Mhd. Gr. § S 92.* **1606** si = diu wîp. **1612** geziehen *mit Präp.* ze *hier 'zu etw. gehören'.* **1613–43** *Lehre des Herzens.* **1615** wis stæte 'sei beständig' *als Einleitung zum Sprichwort* 'Steter Tropfen höhlt den Stein' *1616–25; vgl. DSL 4, S. 1336 (Nr. 14f.); TPMA 11, S. 134 (Nr. 77).* **1627** *Konditionalsatz, vgl. zu 1571.*

du *en*dienest ir unz ûf die stunt
1630 daz ir dîn dienest werde kunt.
ist sî danne ein guot wîp,
sich, sô lônet sî dir, lîp.

Ouch behalt dû dînen gelimph,
daz sî in ernest oder in schimph
1635 von dir daz wort iht verneme,
daz sî ze *deheinem* hazze neme,
und ervar ir willen swâ dû kanst,
ob dû dir sælde und heiles ganst.
nu *en*sûme dich niht mêre!
1640 ich bevilhe dir unser êre,
unser heil stât an dir.
nû solt dû, lîp, hin ze ir
unser fürspreche sîn.‹
daz tuon ich gerne, herze mîn.

1645 Swaz kumbers ich unz her erleit
sît ich sorgen begunde,
daz was ein senftiu arebeit
unz an dise stunde.
minne mich noch ie ver*m*eit,
1650 sî was mir unkunde;
nû hât si ir kunst und kraft an mich geleit,
wan sî mir senfte *er*bunde,
als ir wære niht ze leit

26ʳᵃ

1629 dienest.   **1636** zeheime *A Haupt Bech,* zeineme *Zutt.*   **1639** sa*w*me.
1643 fürsprecher.   **1644** herre.   **1645** *Keine Initiale A.*   **1646** sorgen ich
Wolff.   **1649** ver*m*ert.   **1651** ir kůnst vnd krafft *A (vgl. Iwein 1686–89 und 7003),* ir kraft *alle Hgg.*   **1652** erbunde *Wolff* Hgg.*] enbunde *Bech mit* enpunde *A.*   **1653** laide.

1629 *Auf enklit.* -s = es *1628 bezogener abhängiger Satz mit 'pleonastischem'* en- *'dass du ihr dienst' bzw. 'ihr zu dienen', vgl. Mhd. Gr. § S 147.3.*   **1631** *Vgl. 1571.*   **1635** iht = niht, *vgl. Mhd. Gr. § S 147.1 und zu 308.*   **1639** *Vgl. 205.*   **1643** fürspreche *swM. 'Anwalt', vgl. Schönbach 270–275.*   **1645–1914** *Abschließende Werbung des Körpers in Kreuzreimen.*   **1651** *Vgl. 1ff.*   **1652** erbunde *zu* erbunnen *vgl. zu 126.*   **1653** niht ze leit *vgl. 1344.*

   ob ich gar verswunde;
1655 wan sî mir alsô an gestreit
   daz sich mîn herze enzunde.
  nâch dir, frouwe gemeit,
   brinnet ez von grunde.
  des solt dû nemen mînen eit,
1660 gelouben mînem munde.
  mîn gedanc ist nâch dir *breit*:
   ob mich dîn gnâde enbunde,
  ich wære dir *iemer* bereit
   swes ich gedienen kunde.
1665 mir *er*ban der die kristenheit
   vil gerne verslunde,
  swære die mîn herze treit,
   ob diu an mir erwunde.
  von ungelücke nieman seit
1670 der des nie befunde:
  unheil mir über den wec schreit
   gelîch einem hunde;
  ze vaste ich mich dar ûf verreit,

1654 ob mir gar gesw. *Wackernagel Haupt² Zutt.* **1657** vil *vor* gemeit *eingefügt Zutt Wolff.* **1661** berait. **1663** iemer *Wolff Tax*] iemermê *Hgg.*, nymmer *A.* **1665** enban *A Bech.* **1671** mîn heil *Bech.*

1654 verswinden *stV. hier 'vergehen', vgl. 1678.* **1659** *Vgl. den 1423 ff. geschworenen Eid.* **1661** *Vgl. 1443 ff.* **1663/4** bereit *mit Gen. 'bereit zu etw.', der Gen. durch den mit attrahiertem* swes *'dazu, womit' eingeleiteten Satz ausgedrückt.* **1665–68** *Subjekt zu* erban *ist* der die kr. vil gerne verslunde *(der Teufel in der Gestalt des Leviathan, vgl. Schönbach 170), Gen. zu* erban *der mit* ob *eingeleitete Objektsatz, vgl. Mhd. Gr. § S 181;* swære die m. h. treit *herausgestellter Nom., der mit* diu *im folgenden Satz wieder aufgenommen wird, vgl. Mhd. Gr. § S 114 und zu 451–53.* **1668** erwinden *stV. hier 'aufhören, ein Ende nehmen'.* **1670** befinden *hier mit Gen. 'etw. erfahren'.* **1671/2** *Zum Vergleich des Unheils mit einem über den Weg laufenden Hund vgl. J. Grimm, Dt. Mythologie, 4. Ausg., 1876, S. 731.* **1671** schreit *Prät. von* schrîten *stV. hier 'laufen'.* **1673** sich verrîten *stV. mit Präp.* ûf *'sich in etw. verrennen'.*

daz schadete mir an dem gesunde;
1675 sîn zant mich sêre versneit,
mir bluotet noch diu wunde.

Als ich der wunden emphant,
dô nam mîn freude ein ende.
mîn *liep* vor leide nâch verswant;
1680 wer ist der daz leit swende?
ze sorgen ist ez mir *be*want;
frouwe, daz erwende.
jâ vlîzet sich der vâlant
daz er mîn heil geschende.
1685 ze guote bist dû mir genant;
swie ich mîn dinc gelende,
durch got sol ez dir sîn erkant,
wære ich *in Orîende*,
wie mich dîn tugent überwant.
1690 durch daz sô genende!
oder ich lebe als ein erlosch*en* brant,
sô brinnent ander brende.
ja *en*frum*ent* mir deheiniu bant
âne dîn gebende;
1695 mich *enheilet nie*mannes hant
wan dîne hende;

1674 schadete *oder* schâte (*vgl. 1761*)] schadet *alle Hgg. mit A.* dem *tilgen alle Hgg.* **1677–1706** Als mir diu wunde tete ant *und weitere hier nicht verzeichnete Besserungen der Strophe von Zutt**. **1679** liep *Wackernagel Hgg.*] lîp *Zutt Haupt¹ mit* leyb *A.* **1680** daz] mir *Wolff.* **1681** bewant] gewant *A Bech,* gelant *Lachmann/Haupt².* **1687** solt *Lachmann.* **1688** swar ich ernende *Bech.* in Orîende *Lachmann*] von orîende *Tax* mit Schröder 248,* in ert-ende *Wolff*,* ormende *A.* **1691** erloschner. **1693** frümet. **1695** hayst nicht mannes. **1696** niuwan *Wolff.* eine *nach* wan *eingefügt Zutt Tax.*

1683 der vâlant *der Teufel, vgl. 1665/6.* **1686** gelenden *eigentlich* 'an Land bringen', *hier* 'zum Ziel (nach Hause) bringen', *vgl. 1688.* **1688** *Vgl. 209f. (Schröder 248).* **1690** genende *Imp.* 'fasse Mut!' **1692** sô *temporal* 'während' (*Wackernagel*). **1693** bant 'Fessel' *und* 'weiblicher Kopfschmuck' *im Wortspiel mit* gebende *1694 (Leitzmann 415).*

    mir *en*werde trôst von dir gesant,
       ich enweiz wer mir in sende.
    nû dîner gnâden wis gemant,
1700   daz ich mich der gemende
    ê mir der zwîvel neme ein phant
       und mich des lîbes phende.
    ich hân den muot alsô gewant,
       swie ich daz gewende,
1705   daz mir âne dich älliu lant
       sin*t ein* ellende.

Nâch heiles gnâden ich ie ranc;
       wære sîn lôn ge*b*ære!
    von allen sælden ez mich dranc.
1710   nû ist mir undære
    daz mir dar an noch nie gelanc;
       unheil was mir gevære.
    des habe ich selten gelfen *s*anc;
       dâ mite ich daz bewære.
1715   von sînem hazze ich nâch versanc,
       und *ouch* versunken wære,
    des half mir, daz ich niht ertranc,
       gedinge ûf liebiu mære.
    der trôst mich ie ze *l*ahter twanc,
1720   wan ich noch wol genære,
    ob dû mirs woldest wizzen danc   26rb
       durch dînen schepfære,
    daz mir ein süezer umbevanc

1697 werde.   **1700** gimende.   **1705** âne dich mir *Bech Wolff.*   **1706** sein. ein *fehlt A.*   **1708** gebære *Wolff* * *Bech (Anm.)*] gewære *Hgg.* mit geware *A.*   **1712** geware.   **1713** gsang.   **1716** doch.   **1719** glachter.   **1720** ginare.

1700 sich gemenden *mit Gen.* 'sich über etw. freuen'.   **1702** phenden *hier* 'berauben'.   **1706** ellende *stN.* 'Fremde, Exil'.   **1708** gebære 'angemessen, gebührend'.   **1713** selten 'nie' (Litotes), *vgl. zu 464.* gëlf *hier* 'freudig'. **1720** genære 'genesen würde'.

        vor kumber fride bære
1725 von dînen armen, die sint blanc;
        sô würde ich sorgen lære.
       und habe *ich* des deheinen wanc,
        sô sî ich gote unmære!
       dich meint mit triuwen mîn gedanc.
1730 und beweg*te* dich *niht* mîn swære,
       mîner nôt wære ein berc ze kranc;
        ob sî mich diuhte swære,
       sô würde mir daz leben ze lanc
        daz ich sîn gerner enbære.

1735 Sît ich dîn künde ie gewan,
        sô bist dûz alters eine
       der ich mir ze frouwen gan;
        nû lobestûz alze *seine*.
       vil dicke ich sældelôser man
1740   in mînem herzen weine
       daz ich den kumber dankes han
        gebunden zuo dem beine
       für den ich listes niht *en*kan
        wie ich in versweine.
1745 daz ich ûz wîben ie began
        minnen deheine
       von der mîn muot sô sêre bran
        als ich dir bescheine,
       diu mir freude gar *er*ban,

1727 ich] die rede *A*, ich der rede *Tax*, dir *Haupt Zutt*.   **1729** dichn meine *Wolff und Komma nach 1728, Punkt nach 1729*.   **1730** bewegte *Bech Wolff*, beweget *A Hgg*. niht *fehlt A*.   **1733** wann so.   **1734** ichs *Wolff*.   **1738** kleine *A Bech*.   **1743** kan.   **1748** dir *A Saran 86 Bech*] ir *alle Hgg*.   **1749** erban *Wolff Tax*] enban *A*.

1737 gan *zu* gunnen *an V. mit Dat. d. Pers. u. Gen. d. Pers. hier 'jmdm. jmdn. ze frouwen, als Herrin, wünschen'*.   **1738** al ze seine *'überhaupt nicht' (Litotes), vgl. zu 464*.   **1741** dankes *adverbialer Gen. 'absichtlich'*.   **1742** ze beine binden *mit Akk., phraseolog. 'etw. auf sich nehmen'*.

1750   – daz *sippe* ist ungemeine, –
      des dulde ich alsô herten ban,
        ez erbarmet einem steine.
      got *en*helfe mir noch dan,
        mîn ruowe wirt noch kleine.
1755   an gedingen, des mir *nie* zeran,
        ze trôste ich mich noch leine.
      wider dich bin ich valsches wan,
        mit triuwen ich dich meine;
      da *en*lâ mich niht verliesen an
1760   durch dîn tugent manicvalt und reine.

      Mîn frumen mir vil sêre schâ*t*:
        jâ lebe ich sam ich *swande*
      über tiefe*n* sê, *dan* man hât
        verre *unz* ze *sande*;
1765   den hete sælde heim gelât,
        ob in got ûz gesande.
      sîn l*i*egen snîdet sam ein grât,
        swer *daz* ie guot genande,
      ob mich mîn dienest niht vervât.
1770   die sêle gibe ich ze phande
      daz mîn triuwe niht zergât,
        wan der schade bræhte schande.

1750 das sib *A*, diu sippe *Haupt*, der site *Saran* 86 *Bech Wolff*, daz liep *Tax**. wan si blibt *Zutt**.   **1753** helffe.   **1755** mer.   **1759** lass.   **1760** manigualt vnd *A, tilgen alle Hgg.*   **1761** schadet.   **1762** sawainde.   **1763** über *Wolff mit* ǔber *A*] über den *Bech,* den *Hgg.* tieffe. dan *Hgg.*] dâ *Bech,* die *A.* **1764** aus ze lande *A,* ûz ze sande (lande *Bech*) *Hgg.*   **1767** lugen.   **1768** dich *Haupt mit A,* daz (diz *Tax*) *Hgg.*   **1772** bracht.

1750 'was einem freundschaftlichen Verhältnis (sippe *Dat.!*) fremd ist'. **1754** kleine wërden *hier iron.* 'zunichte werden'.   **1757** wan *mit Gen.* 'frei von etw.'.   **1761** schât = schadet.   **1762** swande = swamde *zu* swemmen *intr.* 'schwimmen'   **1763/4** dan ... ze sande 'von wo man es weit bis zum Ufer hat'.   **1765/6** Vgl. Erec 7070 *f.*   **1765** gelât = geladet.   **1767** sam ein grât 'wie eine spitze Gräte'.

  mîn muot ze selher wîse stât
   daz ichz mir gerne enblande.
1775 *ich wæn* noch lîhter den *Phât*
   allen verbrande,
  daz sîn niender dehein schrât
   flüzze in dem lande,
  ê daz ich dîn getæte rât;
1780 dâ von sô ist mir ande,
   ob mich unerlœset lât
  dîn trôst von selhem bande.
  daz ist ouch diu grœzist missetât
   die ich noch an dir erkande.

1785 *A*n freuden *d*ulde ich armuot
   in grôzer armüete.
  sorgen bin ich unbehuot,
   vor den mich got behüete.
  waz frumet mich des sumers bluot
1790 mit missevarwer blüete?
  ja *en*ruoche ich ob der boume gruot
   iemer *mêre* grüete,
  du *en*gnâdest mir und sîst mir guot
   durch wîplîche güete.
1795 nâch dir hân ich mich verwuot;
   hilf, ê ich gar verwüete.

1774 ich es. 1775 ich wæn noch lîhter (lîhter noch *Wolff*) den Pfât *Hgg.*] Wann ich noch leichter den phant *A*. 1777 dehein *Haupt Zutt Wolff*, kein Tax Bech mit kain *A*. 1782 den. 1785 In. gedulde *Haupt Bech mit* gedult *A*. 1786 in *fehlt A*. 1791 jâ enruoche *Hgg.*] Ja rǔcht *A*, jan ruochte *Wolff Tax*. 1792 ymmere *A*, immer mêre *Hgg.*, niemer mêre *Wolff*. 1793 genadest. 1796 hilf *Zutt Wolff Tax] fehlt A, ebenso Haupt Bech s. zu 1800/1*.

1774 *Vgl. zu 545.* 1775/6 *Sprichwörtlich, vgl. MF 49,9.* 1775 *Einge-schobenes* wæn = wæne ich, *vgl. zu 472.* Phât *der Po.* 1777 schrât *stM. hier* 'Tropfen'. 1779 rât tuon *mit Gen. hier* 'auf jmdn. verzichten'. 1793 *Exzeptivsatz, vgl. zu 664.* 1795 sich verwuoten *mit Präp.* nâch *hier* 'sich verrückt machen nach jmdm.' 1796 'ehe ich ganz den Verstand verliere'.

75

   jâ machet mich zwîvel ungemuot
    mit sînem ungemüete,
   daz mich dunket wie mir daz bluot
1800 . . . . *blüete*
   . . . . *gluot*
   lige an einer glüete,   26ʳᶜ
   wa*n* *d*es tiefen meres fluot
    mit sîner breiten flüete,
1805 swie in vil selten ieman wuot,
    für disen kumber ich in wüete.

   Ich bin unmæziclîchen wunt;
    schaden ich emphinde
   geslagen in des herzen grunt
1810 daz ichz niht überwinde.
   an freuden wirde ich ungesunt,
    des tôdes ingesinde,
   mir *en*tuo dîn gnâde helfe kunt,
    daz sô mîn leit verswinde.
1815 deheines arzâtes *b*unt,
    swie rehte wol *er b*inde,
   mir *en*frumet niht, gæbe ich tûsent phunt,
    daz ich senfte *v*inde;
   gebiutet ez aber dîn rôter munt,
1820 sô genise ich swinde.

1800/1 Lücke von zwei Versen (von der Hagen), von denen nur die Reimwörter erschließbar sind, vgl. Schönbach 382; Haupt und Bech setzen die Lücke nach 1796 an. **1802** Nach lig A Blattwechsel, das Wort evtl. Anfang des verlorenen Verses 1800, vgl. Zutt*. **1803** wan ich des *alle* Hgg. mit A (Subjektspron. auch in 1806). **1805** in A, si Wolff. **1806** ich in A] tilgen alle Hgg. **1807** Keine Initiale A. **1810** ich es. **1813** thu. **1815** enpunt. **1816** enpinde. **1817** frŭmet. gab. **1818** emphinde A Bech.

1803 fluot *hier stM. 'Strom'*, **1804** *stF. 'Wassermasse'.* **1805/6** wuot/wüete *Ind./Konj. Prät. von* waten *stV. hier tr. 'etw. (den fluot 1803) durchwaten'.* **1806** für *hier 'anstelle, lieber als'.* **1813** *Exzeptivsatz ähnl. 1793, vgl. zu 664.* **1815** bunt *stM. hier 'Verband'.*

sô neme mich sælde *dâ* zestunt
. . . .
. . . .
. . . .
1825 . . . .
daz er noch erblinde.

Gedinge tuot *mich* dicke balt;
als ich des beginne,
zwîvel tuot mîn herze kalt
1830 dâ wider ze *u*ngewinne.
ich wæne ê wazzer unde walt
und diu erde verbrinne
– daz ist zuo dem suontage gezalt –
und uns der tage zerinne,
1835 möhte ich werden alsô alt,
ê ich von dir die sinne
benim, swie lützel ez noch galt,
ich diene umb dîne minne.
frouwe, durch daz sô behalt,
1840 als ich an dich gesinne,
an mir dîn tugent manicvalt.
ich enweiz *war* ich entrinne;
des nim mîn sorge in dînen gewalt,
wan dû bist mîn gotinne.

1845 Frouwe, nû bedenke daz
ê sich dîn trôst verspæte,
daz ich dîn noch nie vergaz
ze frümiclîcher stæte.

1821 dâ *Wolff (vgl. 934)*] so *A*, sâ *Hgg.*   **1822–25** *Lücke von vier Versen (von der Hagen), vgl. Schönbach 385f.*   **1827** mich *fehlt A.*   **1830** ze ungewinne] ze gewiñe| *A.*   **1831** ê *Wackernagel Hgg.] fehlt A.*   **1837** beneme *Wolff.*
1842 wohin.   **1843** dîn *Haupt Zutt.*   **1846** verſpætte *korrigiert aus* verſpǽrte.

1833 suontac *'Tag des jüngsten Gerichts'.*   **1837** *'auch wenn es bis heute gar nichts half'.*

nu *enlâ* gein mir *der* bœsen haz
1850 niht schaden noch bœse ræte;
jâ ist manic triuweblôz*ez vaz*
daz anders niht en*bæte*
wan daz ez *gerner* dan sîn maz
freudewende hăte
1855 und im sanfter *danne* baz
dehein werltwünne tæte.
der selbe ist ze allen tugenden laz,
ze den untugenden dræte,
und *er*ran – daz ich noch ie entsaz –
1860 dâ in doch nieman sæte.

Ist daz ich mînen langen wân
nâch heile volbringe
den ich nâch dînen minnen hân
als ich an got gedinge,
1865 sô hât er wol ze mir getân
an gnædiclîchem dinge,
und bin im *lobes* undertân,
dem sage ich unde singe.
ouch muoz ich iemer in riuwen stân,
1870 ez *ensî d*az mir gelinge.

1849 laſs. der *Wolff*] den *Hgg.* mit *A*.   **1851** triuweblôzez vaz *(vgl. Konrad v. Würzburg, Trojanerkrieg 2431 ff.)*] trŭebloser val *A*, triuwelôsez vaz *alle Hgg.*   **1852** enhătte.   **1853** lieber.   **1855** den.   **1856** dhain *A*, dekein *Wolff*, kein *Hgg.*   **1859** erran *Wolff*] ran *A Hgg.*   **1867** lobes *Bech Wolff*] lônes *Hgg.* mit *A*.   **1869** in riuwen stân *Wolff*] in riuen bestan *A*, riwec stân *Haupt Zutt.*   **1870** es sey dann.

1851 triuweblôzez vaz = *wie subst.* der triuweblôze.   **1857** der selbe *bezogen auf den* triuweblôzen *1851.*   **1859/60** *Sprichwort, Freidank 120,7 f.* unkrût wehset âne sât, so ez schœnem korne missegât; *vgl. DSL 4, S. 1463 (Nr. 28); TPMA 7, S. 196 (Nr. 33).*   **1859** erran *Prät. von* errinnen *stV. hier 'aufgehen, sprießen'.*   **1861** ist daz *'wenn', vgl. zu 1025.*   **1862** nâch heile *adverbial 'glücklich'.*   **1867** *Ersparung des Subjektspron.* im *mit und angeschlossenen Satz, vgl. zu 129.*   **1869** ouch *'andererseits'.*

nû solt dû daz an mir begân
daz *dich* hebe ringe
und daz dînem herzen erbarmen lân
daz ich mit sorgen ringe.

1875 Frouwe, jâ hât dîn strît
sünde an mir begangen,
sît ich began, daz mich niht sît
dîn gnâde hât emphangen.
swer guoten friunden *freude* gît,
1880 wen solde des *be*langen?
jâ *d*arf in sîner zît
verre baz gelangen
dan der angestlîchen *lît*
ûf den lîp gevangen.
1885 schadet mir iemannes nît,
wa*n wære er* erhangen!

Wær ich ze heile geborn, 26ᵛᵃ
des solde ich g*e*niezen.
die ich ze frouwen hân erkorn,

1872 dich hebe *Hgg.*] ich hebe *A*, ich lebe *Bech.*   **1873** daz *tilgen Hgg. außer Tax.*   **1875** dîn stæter (strenger *Schröder 247*)) strît *Haupt (App.) Wolff Schröder,* der din strit *Zutt.*   **1879** freude *Lachmann/Haupt² Hgg.*] *fehlt A Bech.*
1880 blangen.   **1881** bedarf in *Haupt Zutt mit A,* in darf *Hgg.*   **1882** verre *Hgg.*] vil *Haupt Bech mit A.*   **1883** zeit.   **1886** wann vnd wĕr er=|hanngen.
1888 genesen.

1872 ringe heben *mit Akk. d. Pers.* 'jmdm. wenig ausmachen'; 'was dir kaum etwas ausmachen dürfte'.   **1877** began *d. h.* minnen began, *vgl. 13.*   **1879** swer 'wenn jemand', *vgl. zu 1310.*   **1880** belangen *mit Akk. d. Pers. u. Gen. unpers.* 'jmdn. verdrießt etw.'   **1881–84** 'ja, es ist Grund vorhanden (darf), dass einem solchen seine Zeit noch weit langsamer dahinschleicht als einem, der voller Angst auf Leben und Tod im Gefängnis sitzt' *(nach Saran 88).*
1882 gelangen *Bedeutung und Gebrauch wie* belangen *1880.*   **1883/4** *Sprichwort, Freidank 113,6f.* swer ûf den lîp gevangen lît, den dunket lanc ein kurziu zît; *vgl. TPMA 3, S. 157 (Nr. 16).*   **1886** wan *als Einleitung zu einem Wunschsatz* 'o dass doch', *vgl. Mhd. Gr. § S 20 a.*

1890   swaz der wort mich hiezen,
       daz würde unlange verborn.
       ob mîniu werc daz liezen,
       sô dulde ich mînes herzen zorn.
       daz wil ich entsliezen:
1895   von sînem gebote hân ich des gesworn,
       es *en*sol mich niht bedriezen.

       Nû ger ich daz diu güete dîn
         ir namen an mir êre,
       daz mir genâde werde schîn.
1900   frouwe, *en*lâ niht mêre
       nâch dir daz gemüete mîn
         ringen alsô sêre.
       jâ muoz mîn lîp dîn eigen sîn
         nâch getriuwes herzen lêre.

1905   *D*în spil ist mir geteilet sô
         daz ich *noch* erwerbe
       des mîn herze wirdet frô,
         oder gar *an* freude ersterbe.
       daz ist mir ein swæri*u* drô,
1910   wilt dû daz ich verderbe.

       Ich hân in dîn*en* gewalt ergeben
         die sêle zuo dem lîbe.
       die emphâch! jâ müezen sî dir leben
         und mê deheinem wîbe.

1890 dero.   **1895** ichs *alle Hgg.*   **1896** sein sol.   **1897** beger.   **1899** genaden.   **1900** la.   **1905** Dîn *Hgg.*] Diz *Wolff*, Sein *A.*   **1906** noch *fehlt A.*   **1908** an] on *A*, âne *Tax.*   **1909** schwǎrer.   **1910** wilt du *A*, wiltû *alle Hgg.*   **1911** *Keine Initiale A.*   dein.

1894 daz *bezogen auf* herze *1893.*   entsliezen *'auftun, nicht zurückhalten'.*
1905 spil *stN. hier ein spil teilen* mit Dat. d. Pers. *'jmdm. eine mit ungewissem Ausgang verbundene Wahl zwischen zwei Dingen lassen', vgl. Iwein-Wb., S. 217 unter* spil.   **1906** erwerbe *Konj. Präs., ebenso 1908 und 1910.*   **1908** Ersparung des Subjektspron.* ich *im mit und angeschlossenen Satz, vgl. zu 129.*   erstërben *mit Präp.* an *stV. 'an etw. sterben'.*

www.ingramcontent.com/pod-product-compliance
Lightning Source LLC
Chambersburg PA
CBHW020857160426
43192CB00007B/967